冰雪

映

新疆

李敬阳 著

 新疆科学技术出版社

图书在版编目（CIP）数据

冰雪映新疆 / 李敬阳著 . -- 乌鲁木齐：新疆科学
技术出版社，2023.9（2025.2重印）
ISBN 978-7-5466-5358-7

Ⅰ . ①冰… Ⅱ . ①李… Ⅲ . ①旅游指南—新疆
Ⅳ . ① K928.945

中国国家版本馆 CIP 数据核字（2023）第 025911 号

选题策划　唐　辉
责任编辑　唐　辉
责任校对　俞凯悦
装帧设计　王　洋

BINGXUE YING XINJIANG

冰雪映新疆

李敬阳　著

出版发行　新疆科学技术出版社
地　　址　乌鲁木齐市延安路 255 号
邮政编码　830049
电　　话　（0991）2870049　2888243
制　　作　乌鲁木齐捷迅彩艺有限责任公司
印　　刷　永清县晔盛亚胶印有限公司
版　　次　2023 年 12 月第 1 版
印　　次　2025 年 2 月第 4 次印刷
开　　本　787 毫米 ×1092 毫米　　1/16
印　　张　10
字　　数　160 千字
定　　价　45.00 元

这，

是一个你前所未见的冰雪世界。

最厚的积雪，最长的雪期，

最优的雪质，最多样的风物，

让新疆成为最不一样的世界级冰雪胜地。

MULU

目 录

慕士塔格峰

1

冰雪天賜

粉雪大山

　　在很多人的认知中，新疆的冬季是漫长的、单调的、沉闷的、严寒的；对于新疆的冰雪世界，更多的人是完全陌生的。人们谈起新疆，大都是提及绚丽的山川、广袤的草原、香甜的瓜果或者多姿多彩的民风民俗。

　　然而，新疆的冬季固然是漫长的，新疆的冰雪固然是严酷的，但这里的冰雪中，却蕴藏着令人震撼的风景、迷人的风情，拥有着众多鲜为人知的世界之最、中国之最。

　　新疆，有着全球中纬度地区最大的山岳冰川，密集而壮丽。

冬雪

　　新疆，有着世界最古老的人类滑雪岩画，神秘而悠远。

　　新疆，有着世界顶级的粉雪大山，有着中国规模最大的野雪公园，有着中国唯一落差超千米的滑雪场，冰雪资源优秀而

山岳冰川

丰富。

新疆，有着山地生物多样性旗舰物种雪豹，有着优雅而美丽的天鹅，以及芬芳袭人的天山雪莲等珍稀动植物资源，神奇而靓丽。

新疆，更有着一个个如诗如画的冰雪美景，从阿尔泰山到昆仑山，从准噶尔盆地到塔里木盆地，从天池到赛里木湖，从江布拉克到五彩湾，从冰雪中的雅丹到冰雪中的丹霞，以及中国降雪期最长的雪都——阿勒泰和最美的雪乡——禾木。

最厚的积雪，最长的雪期，最优的雪质，最多样的风物，让新疆成为最不一样的世界级冰雪胜地。从这个角度来讲，新疆的冰雪是五彩斑斓的，新疆的冰雪是热烈奔放的，新疆的冰雪更是令人迷醉的。

冰雪天赐

雪原上的野生动物

禾木之冬

雪豹

雪乡禾木

天山雪莲

阿勒泰雪松

　　亿万年来，冰雪的凝结与消融塑造着新疆的山川大地；亿万年来，新疆的冰雪也一直蕴藏着无穷的生机与活力，妖娆而瑰丽。

　　这，是一个你前所未见的冰雪世界。

天山

冰雪之问：
新疆的冬天究竟什么样

新疆的冬天究竟什么样？其实是一个难以准确回答的问题，这是因为新疆所独有的地形地貌，造成了疆内各个地区有着不一样的冬天。

说起新疆的地形地貌，人们几乎都知道用"三山夹两盆"来概括。

所谓"三山"是指新疆境内大致东西走向的三条山脉，即北面的阿尔泰山、南面的昆仑山，以及横贯新疆中部的天山。在"三山"的中间，便是位于北疆的准噶尔盆地与位于南疆的塔里木盆地。

正因为"三山夹两盆"的地形地貌，使得新疆无论冬夏，南、北疆都会呈现出不同的气候特点。三条巨大的山脉，不仅拥有广袤的草原、森林，更为新疆提供了丰厚而多样的冰雪资源。

天山山脉总长约 2500 千米。天山西段延伸至哈萨克斯坦共和国、吉尔吉斯共和国境内；中国新疆境内为天山东段，东起哈密市星星峡以

天山天池

东，西至克孜勒苏柯尔克孜自治州的乌恰县克孜尔河谷，全长约 1700 千米，宽 250～300 千米，总面积约 57 万平方千米，约占新疆土地面积的三分之一，其中山地面积 27.1 万平方千米，占新疆土地面积的 16.3%。

天山的平均海拔约 4000 米，由三列山脉组成，由北向南分别为北天山、中天山和南天山，其中北天山是三列山脉中最长的一列，由博尔塔拉蒙古自治州至哈密市的伊吾县，全长约 1300 千米，最高峰为乌鲁木齐附近的博格达峰，海拔 5445 米。

天山山脉

天山山脉

　　中天山则是天山三列山脉中最短的一列，由伊宁南部的特克斯河畔至吐鲁番盆地南缘，全长约 800 千米，山间盆地众多，最高峰为位于巴音郭楞蒙古自治州和静县境内的艾尔温根乌拉山，海拔 4835 米。

　　相比前二者，南天山更为雄伟壮观，西起克孜勒苏河源头，东至博斯腾湖湖畔，全长约 1100 千米。在汗腾格里峰附近，山脉形成巨大高耸的山结。在面积约 3000 平方千米的交会处，面积占 60% 的山地海拔都在 4000 米以上。有：海拔 6000 米以上的山峰 15 座；海拔 6800 米以上的山峰 5 座；最高峰托木尔峰，海拔 7443.8 米；第二高峰汗腾格里峰，海拔 6995 米；第三高峰台兰峰，海拔 6934 米。这三大高峰，也是整个天山海拔高度排名的前三名。

　　天山山脉总体上山势西高东低，山体宽广，景色雄浑壮美。著名的天山天池、那拉提草原、唐布拉草原、巴音布鲁克草原、夏特古道、乌孙古道、孟克德古道、车师古道、江布拉克草原、天山大峡谷、库车大峡谷等景区均位于其中。

　　阿尔泰山山脉为新疆最北部的天然屏障，与蒙古国、俄罗斯联邦、哈萨克斯坦共和国相邻。相比于天山，阿尔泰山较为低矮，山脊线平均海拔3000米，最高峰友谊峰海拔4374米，位于中俄边界；第二高峰为奎屯峰，海拔4082米，位于阿勒泰市附近。

汗腾格里峰

博格达峰（张真源摄）

天山天池

那拉提草原

阿尔泰山脉

人们一般认为，阿尔泰山得名于山中盛产黄金，"阿尔泰"即为"黄金"之意，因此阿尔泰山也被称为"金山"。还有一种说法，"阿尔泰"的含义为"六个月"，意思是由于冬季漫长每年这里只有六个月的时间放牧。由于受北冰洋气流的影响，阿尔泰山降水较多，气候湿润，在冬季则表现为降雪量大、积雪深厚，不仅有着童话般的冰雪美景，也是天然优良的冰雪运动之地。著名的喀纳斯景区、可可托海景区等均分布于阿尔泰山中，这些景区一年四季有着不同的风情。

可可托海

巴音布鲁克草原

昆仑山山脉位于新疆南部，与青藏高原相邻，西起帕米尔高原，东部延伸入青海省境内，全长约 2500 千米，在新疆境内段长 1500 千米。昆仑山平均海拔 5500 ～ 6000 米，宽 130 ～ 200 千米。

昆仑山

公格尔峰

　　昆仑山脉西高东低，按地势分西、中、东三段：西昆仑山海拔在 7000 米以上的山峰有 3 座，6000 米以上的山峰有 7 座，平均海拔为 5500 ～ 6000 米。中昆仑山海拔 6000 米以上的山峰有 8 座，平均海拔5000 ～ 5500 米，北坡雪线 5100 ～ 5800 米。位于西昆仑的公格尔峰为昆仑山脉的最高峰，海拔 7649 米；在公格尔峰的附近还分别矗立着第二高峰公格尔九别峰，海拔 7530 米；第三高峰，被称为"冰山之父"的慕士塔格峰，海拔 7509 米。三座高峰一同构成了西昆仑山壮美的自然奇观。

　　昆仑山有着雄浑磅礴的气势和美景，古人称昆仑山为中华"龙脉之祖""万山之祖"。

新疆的冬季总体上是漫长的，但由于三条巨大山脉的存在，受复杂的地理环境影响，各地冬季所显现出来的状态以及持续时间的长短各不相同。

天山山脉将新疆大地分为北疆和南疆两个大的地理单元，总体上平均气温南疆高于北疆，平原高于山区。南疆的塔里木盆地，1月的平均温度为 –10℃，最低温度 –25℃左右；而北疆的准噶尔盆地，1月的平均温度为 –20℃，最低温度约为 –40℃。但这并不代表北疆地区的最低温度只有 –40℃，新疆气温最低的地方是位于东北端的阿勒泰地区富蕴县，曾出现过 –51.5℃的极端低温天气。

公格尔九别峰

巩乃斯冬雪

　　显而易见，新疆的冬季到底有多长，各区域并不一样！如北疆地区，最长的冬季可达 7 个月之久；位于南疆东北缘、乌鲁木齐以东 180 千米的吐鲁番盆地，不仅全年几乎不怎么下雪，而且冬季只有短短的 3 个月左右。每年 11 月当乌鲁木齐大雪纷飞之际，吐鲁番却依旧温暖；每年 3 月，乌鲁木齐春寒料峭，吐鲁番已经杏花绽放，春意盎然。

　　根据气象资料显示，乌鲁木齐的山区初雪一般在每年的 8 月 3 日，第一场雪最早出现在 6 月 23 日，最晚出现在 8 月 23 日，所谓的"六月雪"在乌鲁木齐并不稀奇。乌鲁木齐段的天山大西沟曾创造了年降雪日数 158 天和年积雪日数 253 天的纪录。事实上，包括乌鲁木齐在内的北疆众多地区，一年之内至少有三分之一的时间可能会下雪，了解了这一点，再看唐代边塞诗人岑参的诗句"北风卷地百草折，胡天八月即飞雪"，就会知道这绝不是诗人浪漫的夸张。

　　冬季长，下雪早，无疑积雪就会厚。

新疆位于西风带上游，因而也成为我国降雪最多的地方。天山北坡海拔3000米处的最大积雪深度为100厘米左右；而天山谷地中的伊宁，1969年1月27日曾达到94厘米的最大积雪量。新疆积雪最深的地方为阿尔泰山南坡，积雪深度140～200厘米。

沿天山山脉和昆仑山脉高海拔区域两侧分布的丘陵和大片平原地区，有着丰富、优质的冰雪旅游资源。北疆阿尔泰山脉部分地区终年积雪，而气温最低的阿勒泰地区，更有利于积雪的储存。综合来看，新疆冰雪旅游资源最优的区域囊括了阿尔泰山、天山、准噶尔盆地西部山地、伊犁河谷等地，其中，伊犁东部、阿勒泰北部地区更是有着得天独厚的冰雪旅游资源。

慕士塔格峰

"寒极"之争：
新疆最冷的地方

要说新疆最冷的地方，就一定绕不过富蕴。

富蕴位于新疆北部的阿尔泰山南麓、阿勒泰地区的东部，与青河县、福海县相邻。

富蕴县呈南北向长条状，北部为阿尔泰山系中段，与蒙古国接壤；中部到南部为准噶尔盆地北缘；南邻昌吉回族自治州的吉木萨尔县和奇台县，整体上呈现北高南低的地势。县域南北长约413千米，东西宽180千米，总面积3.22万平方千米，县城距离自治区首府乌鲁木齐市480千米。

富蕴县最为知名的便是可可托海镇。可可托海不仅有绝色旖旎的风景、雄伟神奇的花岗岩地貌和浪漫热烈的白桦林，还有着丰富的稀有矿藏，是我国核工业、航天工业原料的重要出产地，同时这里也是额尔齐斯河的发源地。

富蕴县还有一个"出众"之处——这里是新疆最冷的地方，新疆的"寒极"，而且还差一点成为中国的"寒极"。

关于中国的"寒极"，官方认证的是位于黑龙江省的漠河市，气象部门曾于1969年2月在漠河测出过 −52.3℃ 的极端低温，被认为是全国

可可托海风光

阿勒泰白桦林

漠河北极村

海子口水电站

最低的气温纪录。

　　然而对于这一点，富蕴并不服气！富蕴的可可托海曾于1967年1月，在伊雷木湖的海子口测出过 –63.5℃的低温，只不过这个数据出自当地的水电站，并未得到国家气象部门的认可。富蕴最低温度的认定记录是 –51.5℃，于是富蕴便居于漠河之后，成为中国的第二"寒极"。近年来随着各地旅游业的迅速发展，关于哪里是中国"寒极"的争论愈演愈烈，比如内蒙古的呼伦贝尔市也加入争夺"寒极"的行列，称曾测出过 –58℃的极端低温。

　　毋庸置疑，富蕴的冬季是寒冷的，寒冷的冬季给这里带来了优质而丰富的冰雪资源，并使之成为富蕴近年来旅游业的新经济增长点。

雪山冰川：生命之源

从昆仑山脉往西，帕米尔高原，有着一条与昆仑山脉相互连接的山脉——喀喇昆仑山。

全长约 800 千米的喀喇昆仑山脉，虽然远不及昆仑山脉绵长巨大，但却是世界上最为壮美，也最为凶险与神秘的山脉之一。

喀喇昆仑山，平均海拔超过 5500 米，共有 19 座海拔超过 7260 米的山峰，其中 8 座山峰超过了 7500 米，4 座超过了 8000 千米。世界第二高峰、海拔 8611 米的乔戈里峰便是喀喇昆仑山的最高峰。这里孕育了中国最大的冰川——音苏盖提冰川。

喀喇昆仑山

乔戈里峰

　　这座乔戈里峰北坡的冰川，总长约 42 千米，冰舌长约 4200 米，覆盖面积达 380 平方千米。源源不断的融水，从点滴汇聚成溪流，溪流汇聚并注入叶尔羌河，一路湍急，成为塔里木河的源头，润泽着南疆的大地。

　　冰川的形成，需要极其严苛的条件，只有山体高度超过该地区的雪线，每年才会有多余的雪慢慢积起，再经过漫长的地质年代积累，才能成为永久积雪和冰川。

　　在整个天山山系，有着现代冰川 15953 条，冰川面积 15416.41 平方千米，冰储量 1011 立方千米，是世界上山地冰川集中分布的区域之一。天山中分布在中国新疆境内的冰川有 9081 条，占中国冰川总条数的 19.61%，在中国各山系中位居第一；冰川总面积 9235.096 平方千米，仅次于拥有 12266 平方千米冰川面积的昆仑山和拥有 10701 平方千米冰川面积的念青唐古拉山，位居全国第三。

　　2005 年，在《中国国家地理》关于全国最美的六大冰川评比中，南天山的托木尔峰冰川名列其中。托木尔—汗腾格里山结区，有着 730 条

冰雪消融

冰川，占新疆境内天山冰川总条数的 8.04%；冰川面积 2905.98 平方千米，占新疆境内天山冰川总面积的 31.46%；冰川冰储量 579.92 立方千米，占新疆境内天山冰川总冰储量的 57.32%，蔚为壮观！

对于远离海洋的新疆，尤其是处于极度干旱地区的南疆来说，冰川

冰川融化

"固体水塔"特拉木坎力冰川

就像巨大的固体水库，储存着大量的水资源，储存着生命的希望。

　　事实上，无论天山南北，在整个新疆，冰川都是无可替代的固体水库、生命之源。即使是在盛夏酷暑的时节，群山之巅，冰川雪峰依然在天穹下银光闪烁，俯瞰着大地。

　　冰川在新疆的大地之上，化身为一条条河流、一个个湖泊，从额尔齐斯河到塔里木河，从赛里木湖到艾丁湖，所到之处，滋养了一片片森林、草原、绿洲、良田。在新疆，有了冰川，就有了生命的繁衍。

　　冰川在新疆的大地之上，以沉稳的身姿屹立着，宏伟、深邃、神秘、优雅，呈现着一个又一个冰雪奇观。

沙漠与雪

2

冰雪
色彩

首府乌鲁木齐市

　　新疆的冰雪是冷厉的，同时又是温润的；新疆的冰雪是洁白的，同时又是多彩的。当人们真正地走进新疆的冰雪之中，就会发现，从巍峨的冰川到茫茫的雪原，从雪覆的山峦到冰封的湖泊，冰雪之下，有着令人惊叹的色彩。

乌源 1 号冰川：
距离都市最近的冰川

天山中段，天格尔山北坡，雄伟的中国天山乌鲁木齐河源 1 号冰川
（简称"乌源 1 号冰川"）耸立在这里。乌鲁木齐河在这里形成，哺育着
这座距离海洋最远的都市。

乌源 1 号冰川长 2200 米，平均宽度 500 米，面积 1.85 平方千米，

乌源 1 号冰川

狐狸

雪莲

红景天

盘羊

海拔高度 3740 ～ 4480 米。在天山的冰川中，乌源 1 号冰川距离首府乌鲁木齐市仅 120 千米左右，典型的地貌使其有着"冰川活化石"之称，因而入选了联合国冰川监测组织在全球监测的 10 条冰川之一，是整个亚洲唯一入选的冰川。

乌源 1 号冰川得名于 1959 年，当年的中国科学院兰州冰川冻土研究所在这里建立了天山冰川观测试验站，"1 号"即是由当时的研究编号而来。在 1 号冰川的周边还分布着 2 号到 7 号冰川。

乌源 1 号冰川的最高峰就是天格尔峰，准确地说是天格尔Ⅱ峰，海拔高度 4480 米。随着全球气温的持续转暖，在 1993 年乌源 1 号冰川分裂为两支，于是便有了Ⅰ峰和Ⅱ峰。虽然从 1958 年以来，乌源 1 号冰川的面积受大环境的影响一直在缩小，冰川厚度也一直在变薄，但并未影响到它带给人们的震撼感。

乌源 1 号冰川海拔区域 3200 ～ 3700 米处为高山草甸带，3700 米以上为裸岩冰雪带。冰川融水在其前缘地势平缓地段形成湿地，分别发育成典型的苔草草甸、嵩草草甸和杂类草草甸。区域内主要植物有：青兰、雪莲、珠芽蓼、高山唐松草、高山红景天、天山罂粟、裸茎金腰子、蚤缀、厚叶美花草等。野生动物除伊犁鼠兔之外，在乌源 1 号冰川的南、北坡还有盘羊、北山羊、狐狸、白鼬、雪鸡、旋壁雀、红嘴山鸦等，该区域还是盘羊、北山羊的重要繁殖地。

去乌源 1 号冰川，要穿过乌鲁木齐南山（天山）的后峡。这一段路以险峻著称，路上有一个叫作"英雄桥"的地方。虽然道路已经重修，但英雄桥还在，因纪念那些为了筑路而献出宝贵生命的英雄们而长存。

由于天山山脉的阻隔，后峡是从乌鲁木齐通往天山以南，也就是南疆的最近线路，穿山越岭，一路抵达巴音郭楞蒙古自治州的和静县。到了乌源 1 号冰川，再往上就是胜利达坂。胜利达坂的原名叫作"萨尔达坂"，因解放军官兵在此修路而得名"胜利"，海拔 4200 米左右，因其常年冰雪不化也被称为冰达坂。翻过胜利达坂的老虎口，便进入和静县的地域了。

在后峡，一路上有着乌鲁木齐南山的众多旅游景点和徒步线路。公路依山傍河，一侧是青翠的高山牧场，杉林密布，繁茂葱茏；一侧则是万丈河谷，奔流湍急，在皑皑雪山与蓝天白云之下，显得原始而狂野。

驱车而行，随着海拔的不断上升，车窗外的景色也随之逐渐变得险峻而粗砺，南山牧场的浓绿与柔媚一点点退去，取而代之的是扑面而来的冷峻与峥嵘。

在乌源 1 号冰川之上，云雾会骤然升起，像是从山峰间涌出，瞬间便将冰川淹没在浓浓的白色之中，身处其中犹如在茫无边际的牛乳中。乌源 1 号冰川，天格尔峰，从不刻意向世人展示自己的身姿和面貌，唯有千万条细小的沟壑，涓涓细流蜿蜒着，从冰川脚下延伸而出，直至山谷尽头。

乌源 1 号冰川

慕士塔格峰：冰山之父

　　矗立的慕士塔格峰，虽然海拔没有旁侧的公格尔峰和公格尔九别峰高，但一样宏伟而磅礴。第一眼看到慕士塔格峰，就会被其沉稳而威严的气质所征服，正如这座山峰的称号——冰山之父。站在冰山下，你会感觉到慕士塔格峰山体宏大宽广，在山脚喀拉库勒湖的映衬下更显壮阔与厚重。

　　慕士塔格峰上冰雪厚度平均为 100 ～ 200 米，分布有十多条冰川，由于其攀登难度相对较低，目前已是著名的国际登山基地。1947 年英国人首次来这里尝试登山，但未能成功登顶，直到 1956 年慕士塔格峰才

攀登者

慕士塔格峰

由我国和苏联联合登山队登顶成功。20世纪80年代慕士塔格峰对外开放，成为国内外探险爱好者登山滑雪的热点区域，每年都有众多的中外登山队前来挑战。

慕士塔格峰有着南山脊、西山脊、西北山脊和东北山脊4条山脊。山峰北面和东面非常险峻，攀登难度极大，通常没有登山队伍选择从这两个方向攀登。慕士塔格峰西面则坡势平缓，因此成为绝大多数登山者选择的攀登线路，同时这里也是夏秋两季理想的滑雪之地。

古道冰雪：
天山深处的秘境

　　在新疆的天山之中有着多条古道，著名的有夏特古道、车师古道、乌孙古道等，名气稍逊的则有乌骨道、移摩道、花谷道、萨捍道、孟克德古道等。

　　因为天山横贯新疆，导致了南北疆交通不畅，旅人往往需要费时费力地绕道而行。从天山中寻找合适的线路穿过，无疑是最为快捷的选择，

独库公路

于是，便出现了十几条重要的古路。

北疆与南疆，千百年来的联系与沟通，就是通过一条条天山之中的古道。其中有些古道侧重于军事用途，如从北疆伊犁穿越到南疆阿克苏的夏特古道；有些则军用与通商功能并重，如从吐鲁番盆地穿越到昌吉的车师古道。时至今日，很多古道已被开辟成现代公路，如新疆自驾游最为热门的独库公路。这些古道因有着独特的风景，亦成为户外徒步爱好者心驰神往之地。

天山古道中最为特别的是夏特古道。这条从伊

夏特古道

夏特古道徒步者

犁昭苏横跨天山南行到阿克苏温宿的古道，不仅仅有着无限的风光、延绵的冰川，更以历史悠久而著称，仅从它的众多别称中就可略窥一斑。

别称之一是唐僧古道，据说当年唐玄奘远赴天竺求取真经时，便是由这条古道出境的，古道也因此得名。夏特，也称夏塔，夏特古道自我国西汉时期就已经开凿，直至20世纪40年代还在使用。清代，夏特古

道被称为"沙图阿满台"，是蒙古语"有台阶的山""梯道"之意。之所以有这个名字，是因为当年清政府专门安排了70户人家常驻这里，维持古道正常通行，也就是做道路养护人员，每年在冰川上凿出阶梯。

历史上，夏特古道曾在军事、通商等方面发挥过重要的作用。据考证，在唐代夏特古道中的木扎尔特达坂，曾是著名的弓月道的必经山口，这条古道在维护西域疆土的完整方面有着不可替代的作用。

今天的夏特古道全程120千米左右，中途需要翻越天山主脊上海拔3600米的哈达木孜达坂，过了达坂就是木扎尔特冰川。这条冰川长30千米，宽2千米左右，冰峰兀立，嶙峋起伏，冰川之下裂缝交错形成冰

沟，其下冰河咆哮。清代著名西域史地学家徐松曾专程考察过木扎尔特冰川，留下了"岭长百里，高百丈余，坚冰结成，层峦叠嶂，高下光莹"的文字记录。

　　徒步穿越夏特古道，则需要沿西南方向斜切走过大约 10 千米的木扎尔特冰川。一般来说，徒步穿越夏特古道都选择在秋季，这个季节进山初始，厚密的草像黄褐色的地毯铺在皑皑的雪山之前，远处的雪山在阳光下泛着银色的光芒。曾经的夏特古道如今已难以辨认，唯有走在冰川之侧的山坡上时，才能发现古道依稀的痕迹。对大多数人来讲，攀爬木扎尔特达坂是最为吃力的。随着地势缓慢上升，地面色彩的基调开始

木扎尔特冰川

由黄褐色转为灰白色，脚下黄褐色的草逐渐地变成了青灰色的山体和残存的白雪，身边开始出现巨大的冰柱。

站立在阳光明媚的木扎尔特达坂之下，身后是布满巨石的苍莽山野，对面是云雾缭绕的皑皑雪峰。当翻过木扎尔特达坂最高点后，面对的则是宽广的雪峰和一眼望不到头密布的冰川，这无疑是夏特古道上最为壮丽和动人心魄的场景。流云在雪山之上翻卷，冰川和粗砺的碎石铺满整个山谷，冰雪包裹的雄伟山峰仿佛巨大的玉石般通透晶莹，以坚定而威严的姿态沿着河谷延伸到天际，静谧而又气势磅礴。山谷之中的冰川仿佛凝固的汹涌波涛，在这些冰川碎石之间，偶尔会出现一片片冰雪融化后汇集成的水洼，在冰臼和洼地里透着幽蓝的光，如眼睛般静静凝视着走过的人们，目光深邃。

与夏特古道的艰险不同，穿越车师古道就轻松得多。

通常穿越车师古道，是从吐鲁番市大河沿镇的五星牧场出发，翻越海拔 4000 米左右的天山分水岭琼达坂，最终抵达昌吉回族自治州吉木萨尔县的泉子街镇，全程 42 千米。不过历史上的车师古道要长得多，汉唐时期，通常是以今天吐鲁番市高昌区的交河故城作为起点。从车师古道南北向穿越天山，要比绕道乌鲁木齐缩短了近 170 千米的路程，因而汉唐时期尤其是在唐代，这条古道之上驿站密布，交通繁忙。

西汉汉宣帝时期吐鲁番盆地的城邦车师分为车师前、后两部，前部的"中心"位于今交河故城，后部的"中心"位于天山以北的"务涂谷"，即今吉木萨尔县南。

唐代车师道被称为"他地道"，是军事与商业两用的一条重要道路。宋代高昌回鹘时期，当时的回鹘王会在每年夏天由此道翻越天山，前往吉木萨尔避暑。

车师古道

穿越车师古道，最为重要的环节是翻越琼达坂。"琼"，是"宽大"的意思，由此可见琼达坂的翻越少了许多艰难与危险。不过琼达坂是多变的，往往上一刻还是艳阳高照，下一刻便会雨雪交加，更多的时候是浓云密布。似乎整座山峰都笼罩在缥缈的云雾之中，行走其间就是走在云雾之中，云雾与雨雪交织在一起，让人更加难以分清天空与地面的区别，人和人相隔几步就难以辨识，整个山谷仿佛无边无际的云海。相比之下，阳光明媚时的琼达坂，天空蓝得沁人心脾，山峰上洁白的积雪似乎是凝固在山巅的白云，而蓝天中大朵的白云则仿佛飘浮着的柔软的白雪，让人忍不住驻足流连。

如果遇上下雨，琼达坂上的雨很快就会变成雪。犬牙交错的峰顶上散落着白雪，在云雾中发出冷冽的光芒；四处的山峰披上浅浅的银白，使略显单调与苍凉的山峰透出一种威严和肃穆。浓云在雪峰之顶盘绕翻卷，脚下是碧绿的草地，间或有洁白无瑕的雪，整个山谷的景色如梦似幻。

初夏时节，琼达坂在银装素裹中显露出深色的纹路，简洁而又充满力量，似乎无边无际地蔓延着。

在天山的众多古道中，景色最为瑰丽的，一定是孟克德古道。

孟克德古道的交通难度并不大，有着冰雪融化后形成的堰塞湖。湖水中有着大量被淹死的树木，诡异而顽强地密布在水中，枝干遒劲，与幽绿的湖水以及熠熠生辉的雪峰组合在一起，景色奇特而壮丽。

孟克德古道自 217 国道 35 千米处起，至伊犁的尼勒克县唐布拉孟克德沟口止，全长约 70 千米。乌兰萨德克湖隐藏在山间，只有接近至一定的距离才会蓦然出现。

经过了乌兰萨德克湖，海拔一路攀升，最终抵达古道的最高点，海

孟克德古道

拔 3495 米的门克廷达坂。门克廷达坂为天山山脉依连哈比尔尕山的达坂之一，常年积雪，气候变化无常。达坂上的积雪没过小腿，但天地纯净得让人心醉。山川大地的白色和天空的蓝色是主色调，那是几乎没有一点杂质的白色和蓝色，通透无比。白云在天空中翻卷，无拘无束。

博格达峰:
俯瞰红尘的神灵之峰

乌鲁木齐人最熟悉的山峰莫过于博格达峰了。

博格达峰是离乌鲁木齐市最近的一座雪峰,也是位于北天山山脉东段的博格达山的主峰,只要天气晴好,在市区的任何角落抬头就能看见。

因为博格达峰是三峰并立,形状若放置毛笔的笔架,因而在清代也

被称为"笔架山"。博格达峰还有其他的名称,"贪汗山"是《北史》《魏书》《隋书》《唐书》里的叫法;"灵山"据说是清代时当地人的叫法。

博格达峰与乌鲁木齐市如此之近,几乎就成了乌鲁木齐市的一个象征。但实际上,博格达峰并不属于乌鲁木齐,而是属于与乌鲁木齐相邻的昌吉回族自治州阜康市。

要亲近博格达峰,首先要体验的是途中的心理和生理的双重考验。曾几何时,徒步博格达,一度成为乌鲁木齐的热门户外线路,不过徒步博格达并不是去登顶这座海拔 5445 米的山峰,而是徒步至博格达峰下的登山大本营后返回。一路之上,越走近大本营,就越发能感受到彻骨的寒意。极目所见,除了翻滚的云层下皑皑的雪峰,便是周边的裸岩和碎石,两侧的山坡上遍布大大小小滑落坍塌的石块,苍莽和荒凉的气息扑面而来。

博格达峰

　　在一片荒凉中行进，容易让人的精神也感到疲惫起来，疲惫感仿佛要一点一滴将徒步者的信心吞噬。

　　但只要行进至冰湖，情况就会大为改观，到达冰湖意味着距离大本营不算太远了。所谓冰湖，其实是一汪浅浅的灰蓝色湖水，说它是湖都勉强，它就是一池融化的雪水，然而这汪雪水却犹如精灵般飘逸而灵动，与周边的粗砺与荒凉形成了强烈的反差，甚至连水中的石块也仿佛漂浮在水面上一样。

　　当博格达峰终于清晰完整地出现在面前的时候，整个世界似乎在刹那间便安静下来。蔚蓝的天空下，博格达峰显得格外静谧。日落时分，夕阳洒下满目的红霞，轻柔地披在博格达峰上，在白雪皑皑的峰顶留下一抹无比艳丽的色彩，使冷峻刚毅的博格达峰平添了几分温柔。

博格达峰

如果乘坐飞机前往乌鲁木齐，飞机即将降落时，窗外最引人注目的就是博格达峰了。从空中俯瞰，博格达峰依然从群山中突显出来。正如清代学者祁韵士在其《万里行程记》中所说："数峰插天，云气缭绕于下，晨日东升，射照璀璨，烂然如银，诚大观也。"

1992 年，博格达峰被联合国教科文组织纳入"人与生物圈计划"，命名为"博格达峰人与生物圈国际保护地"，保护范围由高山直至山前平原区，面积共 25 万公顷。保护地中有植物 369 种，包含了被子植物 364 种、裸子植物 5 种，其中国家二级、三级保护植物 5 种；保护地中有脊椎动物 150 种，包含了鸟类 94 种、两栖爬行类 6 种、鱼类 13 种，其中国家保护动物 25 种，包括黑鹳、小鸨、雪豹、北山羊、大天鹅、鸢、雀鹰、棕尾鵟、草原雕、秃鹫、兀鹫、燕隼、暗腹雪鸡、黑腹沙鸡、棕熊、石貂、兔狲、猞猁、马鹿、鹅喉羚、盘羊等。

火焰山之雪：别样的景致

要说起中国最热的地方，人们立刻就会想到火焰山。火焰山位于吐鲁番市高昌区和鄯善县之间，东起鄯善兰干流沙河，西至高昌区桃儿沟，全长约 100 千米，山体最宽处约 10 千米，最高峰海拔 831.7 米，绝大部分地区海拔 500 米左右。

高昌区属典型的内陆性气候，具有日照长、气温高、温差大、降水少、风力强的特点，年平均气温 14℃，夏季地表历史最高温度 83.3℃。高昌区的年均降水量 16.6 毫米，年均蒸发量 3000 毫米。

在吐鲁番，一年四季几乎就没什么雨雪，即使乌鲁木齐大雪纷飞，

火焰山

吐鲁番葡萄

吐鲁番杏花

相隔仅 180 千米的吐鲁番也很难见到雪的踪迹。这里只穿一件毛衣就能过冬。

长久以来，人们对火焰山乃至整个吐鲁番的印象，往往停留在春季杏花盛开之时，或者每年 8 月葡萄成熟之时，总之，冬天到吐鲁番、到火焰山的游客不多。然而一旦有降雪，火焰山会在刹那间变得绮丽，显现出别样的景致。

火焰山其实大部分时间山体是呈青褐色或者土黄色的，天气越热，山体的颜色就越红，所以盛夏季节火焰山是浓重的红褐色。

最早对火焰山的记载出自《山海经》："炎火之山，投物辄燃。"火焰山在南北朝时被称为"赤石山"，唐代被称为"火山"。火焰山在民间被称为"克孜尔塔格"，意思是"红山"。自古以来，对火焰山的称呼，都无一例外地来自其颜色和炎热的气候。

今天的火焰山景区，只是火焰山山脉的一小部分。火焰山最为壮观的地方在鄯善县境内，最为神奇的地方却是在高昌区的火云谷。

火云谷（谢强摄）

火云谷景区位于吐鲁番市高昌区七泉湖镇西，高昌区以北约 30 千米的山中。这里的山体一片赤红，经过长期风化剥离和流水侵蚀，形成林立的山峰和造型奇异的土石林，犹如红色的刀锋般铺满大地。放眼望去，赤壁丹崖，色彩斑斓，形态万千，令人叹为观止。

因为火焰山位于吐鲁番盆地的北缘，并不怎么光临盆地的飞雪，会在冬季偶尔落在火云谷。每当此时，白色的积雪点缀在层峦叠嶂的红色峡谷之上，形成分明的色彩反差，产生了强烈的视觉冲击力。

火云谷（谢强摄）

喀纳斯冰雪：美丽的童话

对大多数人而言，熟悉的喀纳斯是金秋时节的喀纳斯。彼时的喀纳斯色彩斑斓，妖娆绚丽，有着令人心醉的美景。而人们不甚熟悉的是严冬里的喀纳斯。冰雪中的喀纳斯恬静优雅，如水墨画般舒展从容，宽广而旖旎。

通常来说，大约在每年十一国庆假期的末尾，喀纳斯就会迎来第一场冬雪。

喀纳斯的金秋是徒步的好时节。此时的喀纳斯景色优美，如恰逢假期，徒步者时间也会比较充裕。徒步的经典线路是从禾木景区翻山，经过小黑湖到喀纳斯景区。一场提前到来的风雪，让很多打算徒步的队伍"望雪兴叹"，折返而归。

但上苍总会将令人惊艳的风景留给执着的人。当人们从禾木走进山中，爬上山坡，一转弯，顿时会被眼前的景色震惊。

左侧的山坡上，墨绿、金黄的树木以及黑褐色的土地被白雪点缀着，像是用雪勾勒了一个白色的轮廓；树木随着海拔高度的变化而变化，山峰顶端的树上似乎被包裹了一层洁白的糖霜。这是一种大自然营造的神奇的美。

风雪造就了如此美景，如醇酒般沁人心脾。

一路穿行，浓云逐渐四散，太阳舒展着每一条光线，铺满山谷；高处被霜雪包裹的树木，在阳光的照耀下晶莹剔透，细腻纯净。

在这婀娜的树木、沉静的白雪与壮阔的山峦间，时间停顿。

如果要感受喀纳斯真正的冰雪之美，最佳时间和地点无疑是隆冬时节的禾木。毫不夸张地说，禾木的冰雪会让人产生进入了童话世界般的美妙感觉。

静静地站在禾木村，一切都被厚厚的积雪覆盖，整个世界似乎不再有坚硬的形状与色彩，变得柔和，变得静谧，变得纯洁。那些冰雪，纯净得令人心醉，那些冰雪中的木屋，显得愈发宁静安详。

喀纳斯卧龙湾

　　清晨，隐藏在山谷里的禾木会比山峰晚一些迎来阳光。在太阳照亮村庄之前，禾木已经苏醒，缕缕的炊烟从家家户户飘出，悠悠地在山谷逸散，使冰雪覆盖的村庄笼罩在一片灰蓝色之中，犹如一首婉转曼妙的

乐曲。

　　傍晚，夕阳映照着村庄，洁白的雪包裹着的一栋栋木屋被染上了一片金红，柔美而梦幻。

禾木美景组图

　　冬雪中的禾木一整天都是寂静的。阳光下，只能偶尔看到骑马走过的或去河边挑水的村民。河岸，覆盖着厚厚的积雪，几达腰际；河中，未被冰雪禁锢的河水缓缓流淌，散发着蒸腾的水雾，像是河流在呼吸。河水从冰雪中流出，复没入冰雪，仿佛是这个村庄的过客，静静地瞥一眼这晶莹而寂静的山谷，便转头而去。

　　站立于斯，思绪在洁白的大地上流淌，在碧蓝的天际下飘荡，多少纷纷扰扰在这一刻不再纠缠，轻轻淡去。

　　静静地行走在冰雪之中的禾木，你会发觉，村庄的每一个角落都散发出安逸恬静的气息，厚实的积雪仿佛将所有的尘埃与喧嚣一同覆盖，那些错落的木屋似乎根本不在意时光的流逝，千百年都没有太多的改变。

相对于白天，夜晚的禾木更让人有进入童话世界般的体验。

夜晚寒意如水，星光熠熠，覆盖着禾木的积雪，在夜色下显现出幽暗的蓝色。在冷色调的世界里，偶尔有一扇小窗透出温馨的暖色，恰到好处地给画面以点缀，烘托出近乎完美的意境。

夜晚的禾木比白日里更加纯净，似乎整个红尘都已远离，任何的杂念都被澄清，旅人只要静静享受这份安宁，就已经足够。

禾木村

冬日白哈巴：
远离尘嚣的世外桃源

如果说冬季的禾木给人的感觉是置身童话世界，那么白哈巴则像是远离尘嚣的世外桃源。

从喀纳斯往西，翻过雪色苍茫的山林，白哈巴便出现在眼前。

这个位于边境线上的偏远村落，虽然与禾木同处于喀纳斯大景区，游客数量却远远少于禾木。实际上，白哈巴无论冬夏都有着独特的韵味，值得一游。

白哈巴位于阿勒泰地区哈巴河县城以北 77 千米，属于铁热克提乡。村庄分为图瓦人居住区、哈萨克族人居住区和边防连队驻地三部分。

去白哈巴，看的还是那里淳朴而优美的村庄。与禾木相同的是，白哈巴整个村落也是集中在一个山凹之中；与禾木不同的是，白哈巴不像禾木那样，木屋大都相对整齐地排列在宽阔的山谷，而是依据山势高低错落地分布着，显得更为别具一格。

紧邻边境线的白哈巴村被称为"西北第一村"，村子的一侧立有界碑，界碑旁边的低地上生长着一片茂密的白桦林。

一踏入白哈巴村，顿时感觉像是踏入了另一个时空，时间的脚步不再匆匆，生活的节奏在慢下来，慢下来。大自然用最简单的笔触与色调

白哈巴村

将这个村庄描绘成了一幅无比恬静与纯粹的图画。在村庄中很难看到行人，能见到的人也都是悠闲自在的，时光荏苒、世事变迁仿佛皆与他们无关。

走过白哈巴村，往西南方向顺着盘山公路而下，眼前的冬景壮观之极。在晴朗的天空下，放眼望去，山谷银装素裹，云海飘浮于山巅，整个山脉梦幻而充满诗意。在这样的美景之中，心绪犹如从蓦然打开的窗中飞出的鸟儿，一飞冲天，自由翱翔。

初夏山花遍野的白哈巴是烂漫而绚丽的，秋日层林尽染的白哈巴是斑斓而炫目的，冬雪的白哈巴则抛开了一切，变得简约而纯净，也正是因此，白哈巴方才显现出了其粗犷与细腻、热烈与淡雅和谐统一的本质。

可可托海冰雪：
莹白的浪漫

　　说起可可托海，最为著名也最具代表性的景区，就是包括神钟山在内的额尔齐斯大峡谷了。这条大峡谷也被称为神钟山景区，是新疆维吾尔自治区 2003 年命名的神钟山森林公园，同时也是可可托海地质公园

额尔齐斯大峡谷

的组成部分，为额尔齐斯河源头地带，全长约 70 千米，开发为景区的约 25 千米。

额尔齐斯大峡谷因其景色浪漫多姿而著称，总体的景物构成以雄奇伟岸的山石峰峦、斑斓的林木，以及妩媚的流水为主。行走其间，便如进入一幅徐徐展开的绵长画卷，正因为如此，额尔齐斯大峡谷被人们称为"地质油画"。大多数人钟情于夏季和秋季的额尔齐斯大峡谷，尤其是秋季，峡谷中霜林尽染，流金溢彩，让人流连忘返。由于秋色过于绚丽，游览者趋之若鹜，冬季的额尔齐斯大峡谷就少人问津了，却不知错过了大峡谷最为瑰丽雄奇的美景。

冬季的额尔齐斯大峡谷，冰雪覆盖着整个的区域，森林在银装素裹中仿佛泼墨的写意，河流在冰雪中依然湍急，腾起阵阵水雾，而那些高耸的花岗岩山峰在苍茫的林海雪原中突显出来，愈发宏伟，有着其他季节无法感受到的壮丽多姿。

额尔齐斯大峡谷中最具标识性的景物，便是那里的花岗岩山体。作为地球上分布最广的岩石，中国的花岗岩分布也非常广泛，在人们所熟悉的众多名山大川之中，花岗岩构造的就占了大半，比如泰山、华山、衡山、黄山、天柱山、九华山、普陀山、崂山等。

花岗岩虽然处处都有，在外观上却不尽相同，在可可托海的额尔齐斯大峡谷景区，那些巍峨山岩多为穹状、钟状和锥状，岩壁光滑陡直。这种山体的形成，一方面是因为花岗岩存在节理，通俗地说就是裂缝，而且是犹如洋葱般的同心圆状裂缝；另一方面由于这里冬季寒冷，年复一年的风化、侵蚀等作用，导致花岗岩山体沿着裂缝一层层不断崩塌、脱落、解体，最终形成了光滑而陡峭的穹状、钟状和锥状山峰，坡度大都为 60°～75°，额尔齐斯大峡谷也因此成为国内攀岩爱好者的圣地。

　　除此之外，千百年来，额尔齐斯河大峡谷的花岗岩在大自然的风化和水蚀下，形成了形态各异的凹坑与沟壑，构成了独特而奇异的风貌。在四季轮回之中，由花岗岩所构成的山峦，也因为季节的转换而转换，显示出不同的气质与神韵。春夏之际，满山满谷的山花怒放，茂密的林木青翠欲滴，使一座座的山峦不再刚硬与冷峻，多了几分明媚与柔和；金秋时节，高大的山峦则会被五彩斑斓的色彩所包围，构成层次鲜明的图画；冬季的花岗岩山峦，则不再有春夏的妖媚、金秋的张扬，变得静谧而苍莽，彰显出雄浑巍峨的气质。

　　除去冰雪与花岗岩，富蕴冬季的雾凇，更是如物华天宝。

　　雾凇非冰非雪，是低温时空气中水汽直接凝华，在树枝等物体上不断凝结而形成的一种自然现象，俗称"树挂"。雾凇洁白如玉，意境优雅，是一种难得的美景。雾凇的形成一方面要有较低的气温，另一方面则需要充足的水汽，二者缺一不可。

　　众所周知，国内著名的雾凇景观出现在吉林、黑龙江等地；鲜为人知的是，新疆的阿勒泰地区也有着精彩纷呈的雾凇景观，尤以富蕴的雾凇最佳。

　　冬季的富蕴虽然非常寒冷，但因有着伊雷木湖、可可苏里湖、额尔齐斯河及其上游的喀依尔特河、库依尔特河等众多的湖泊、河流，很多区域的空气湿度都较大，为雾凇的形成提供了条件。在富蕴，雾凇主要集中在伊雷木湖西北侧的铁买克乡，以及喀依尔特河、库依尔特河沿岸和富蕴县城内的额尔齐斯河沿岸。

　　铁买克乡附近，虽然伊雷木湖、额尔齐斯河、喀依尔特河在冬季均已冻结，但早晨雾气还是很大，会形成绝美的雾凇景观。额尔齐斯河在进入富蕴县城后，则不再冰封，河北岸也是雾凇密集出现的场所。

每当雾凇出现之时，满目的林木晶莹洁白、摇曳生辉，犹如千树万树梨花开，美得令人心醉。

雾凇

天山冰雪：
简约而纯净的美

冬雪中的天山没有了春夏的绚烂，却有着自己的纯粹；没有了春夏的奔放，却有着自己的沉稳。那些原本严酷而暴虐的冰雪，与雄伟险峻的山峰、波涛起伏的杉林组合在一起，出人意料地给人以敦厚与宽容之感。

白日的天山，阳光是热烈而肆意的，在山川大地上无羁地挥洒。这样的阳光使得天地变得刚健，积雪变得绵软，散发出温润的味道。

黑夜的天山，皎洁的月色和漫天的星斗使得夜晚也变得明亮起来，那璀璨的星河，在冬夜中像是晶莹的冰雪映射在天空上；连绵的天山，在星空下显现出宽广的轮廓，神秘而苍莽。

要感受天山的冰雪，位于其北坡的天池是一个不错的选择。天池还有着一个很浪漫的名字——瑶池，这个名字与《穆天子传》有关。该书讲述了周穆王姬满周游天下的故事，其中最为著名的篇章便是周穆王乘坐着赤骥、盗骊等八匹千里骏马，西行至瑶池与西王母相会的故事，"天子觞西王母于瑶池之上"。席间，西王母问周穆王："尚能复来？"周穆王则答应了三年之约。周穆王最终爽约，成为千古憾事。不少的文人墨客留下了关于这段故事的吟唱咏叹，而其中最为著名的是李商隐的《瑶池》："瑶池阿母绮窗开，黄竹歌声动地哀。八骏日行三万里，穆王何事不重来。"

虽然在《山海经》等古籍中，记载有西王母居于昆仑，但"昆仑"在上古时期很可能是一种泛称。到了唐代，随着"瑶池都督府"在天山北坡的设立，天山天池便逐渐成为人们心目中"西王母的瑶池"。到了清代，人们普遍认为天山天池就是瑶池，留下了大量的游记和诗篇。

天山天池是一个高山冰碛湖。约200万年以前第四纪冰川消退，冰川携带物堆积在冰川末端，堤状堆积体堵塞河道或冰川谷，形成湖盆，积水成湖，于是便有了天池。今天的天池北岸堤坝就是一条冰碛垄。

天山天池海拔约1900米，南北长约3000米，东西最宽处约1500米，最深处105米，水量最大时湖面面积4.9平方千米。

过去很长一段时间，游人只有在夏天才会来天池一游。天山天池一池碧水如镜，四外青山如海。冬天的天池因为冰雪的覆盖变得分外雄浑

冰雪色彩

天山天池

苍莽，连绵的山峰仿佛冰雪的雕塑，远处的博格达峰愈发冷峻与肃穆，俨然雄峙天际的武士守护着群山。那一池被群山围绕的碧水，此时表面已凝结成了巨大的坚冰，平坦而广阔，像是山峰怀抱中的一面玉镜。

冬季的天池是我国海拔最高的天然冰场。在来自西伯利亚的寒风肆虐之下，天池迎来了长达半年的冬季，湖面的冰层厚达 1 米，使这里成为优良的天然冰雪运动场。

冬季的天山天池，冰雪将一切化繁为简，展现出简约而纯净的美。

沿着天山继续向东，就会到达奇台县的江布拉克。

江布拉克的"江"，意为生命，"布拉克"意为泉水，合起来就是"生命之泉"，意味着有了泉水，就能孕育出生命。

江布拉克景区位于奇台县城以南 67 千米处的天山之中，景区面积 990 平方千米，包括刀条岭、七彩湾、天山怪坡、万亩旱田、马鞍山、疏勒古城遗址等多个景点。这里最具特色的就是依着山势分布的麦田，在天山雪峰与冷杉的映衬下，广阔而旖旎。除了麦子，近年来当地农民

还种植了扁豆、荞麦、蚕豆、鹰嘴豆、花芸豆等小杂粮及红花等经济作物。

夏秋时节的江布拉克，因着麦田而有了独特的气韵；冬季残留在雪中的麦秸，使得这里的雪景犹如淡墨点染的山水，清逸悠远，与众不同，吸引着人们不单单把关注点放在景物上，同时也享受这种恬淡的氛围。

冬夜里，雪中的江布拉克气温骤降，变得清冷寒彻。如涛的冷杉，在夜色的山峦中延绵，无痕的积雪仿佛铺盖在大地上的白毯，江布拉克静谧得让人不忍高声语。仰卧在雪中，似乎人便与冰雪天山融为了一体，在这一刻，成为天山的一部分。

大自然仿佛有一种神奇的过滤能力，这纯净的冬雪，能使人内心平静，忘记一切烦忧。

江布拉克

天山天池

昭苏冬雪：温润之美

伊犁河谷被称为"塞外江南"，绝非溢美之词。

在伊犁河谷北面，西北—东南走向的别珍套山、科古琴山和博罗科努山，与河谷南面西南—东北走向的外伊犁阿拉套山、昆格山、哈尔克他乌山和那拉提山等天山山脉的支脉，在这里形成了一个面向西的喇叭口，将来自大西洋的暖湿气流阻挡成云，落地成水，使这里成为整个新疆乃至中亚地区的"湿岛"。而昭苏，在这片温润的土地之上，得天独厚！昭苏的夏季雨量充沛，冬季白雪纷飞，滋养了丰富的野生动植物与农作物。

冬季，一进入昭苏，立刻就能感觉到这里与其他地方的不同。昭苏的冬天不是沉郁的，也不是冷硬的，虽然白雪皑皑却温暖而湿润，原野上一片明媚的阳光。这里年均气温只有 2.9℃，冬季长达半年之久。

昭苏是个冬暖夏凉的地方，草原众多。遥遥望去，触目所及平坦的草原被四周的群山环抱着，辽阔舒展。

在冬天，夏日的绿色和秋日的黄色都因雪而变得洁白与素雅，只有偶尔流淌着的湿地溪流，打破冰雪的覆盖，散发着蒙蒙水雾，在纯色的雪原中怡然流转，在冰雪间显露着灵动。那些湿地的树木往往都包裹着晶莹的雾凇，仿佛玉雕，在宽博的山峦映衬下，亭亭玉立。站在茫茫的雪原之上，放眼望去，大地舒展至远山，好像是一幅抽象的画作，让人有几分不真实的感觉。

昭苏是高位山间盆地，其南部为南天山哈尔克他乌山，北部为乌孙山，西部为沙尔套山，东部则是阿腾套山，宛如一个镶嵌在天山山脉中的"碗碟"。伫立在"碗碟"中，四周雄峙的山脉苍莽浑厚，白云在山巅翻卷缠绕，有时候甚至难以分清哪些是雪，哪些是云。

伊犁河谷的昭苏，有着绚丽多彩的春夏，更有着生生不息的冬季。这里抚育了灿烂炫目的万亩油菜花和奔腾驰骋的西极天马，雪原更是马群可肆意驰骋的天堂。在雪地里对马群进行拉练，是昭苏人特有的驯马方式。一匹匹骏马在厚厚的雪层上疾驰，犹如在云端奔腾，在云海中徜徉。只有敢冲进漫天风雪的神骏，才有资格被称为天马。

昭苏大草原

百里丹霞的雪：冰与火之歌

冰与火，一般来说是比喻身处水深火热之中，历经磨难。而这里要说的冰与火，则是依连哈比尔尕山中延绵百余里的丹霞。

当冬季的冰雪覆盖在赤红嶙峋的丹霞之上，整个世界便呈现出一种鲜明的对比，仿佛冰与火的交响曲。

依连哈比尔尕山是北天山的山脉之一。"依连哈比尔尕"是蒙古语，意为"肋骨"，形容这一段的天山山峦犹如肋骨一般排列密集。

雪中丹霞

硫磺沟

依连哈比尔尕山地跨昌吉回族自治州、巴音郭楞蒙古自治州，西端延伸入塔城地区，全长约 200 千米，宽 110～130 千米，面积 2.4 万平方千米，是北天山西段上升最为剧烈的地区，山势高峻。5000 米以上的高峰有 20 多座，最高峰为河源峰，即户外人常说的"狼塔"，海拔 5290 米。玛纳斯河、金沟河、塔西河、呼图壁河均发源于此山。

丹霞地貌，最初是在 1928 年由中国著名的矿床学家冯景兰发现并命名的，因为他是在广东省韶关市仁化县丹霞山首先注意并研究这一地貌的，便以"丹霞"命名。迄今为止，关于丹霞地貌的定义一直存有多种说法，岩石的质地、形成、形状等的界定都存有争议，但总体趋势是丹霞地貌所包括的范围越来越大，丹霞"家族"不断膨胀，甚至有人主张只要是能形成赤壁丹崖群的红色岩系就算作丹霞地貌。一般来说，只要是红色的砂砾岩，经过大自然侵蚀而形成塔状、柱状、方山状、峰林状等形形色色、高大的地貌，就是丹霞。

依连哈比尔尕山在乌鲁木齐、昌吉、呼图壁、玛纳斯境内这一段

努尔加峡谷

有 120 余千米长，以各种状态连绵起伏，构筑成天山中百里丹霞的地质奇观。在茫茫冬雪之中，这种连绵的红色峰峦，更显现出雄奇而瑰丽的风貌。

虽然都被称为丹霞，但地形地貌还是有很大区别的。比如乌鲁木齐境内的硫磺沟，山体大都低矮且有着鲜明的纹路；石河子附近的紫泥泉，像是大地铺开的画布上泼满了红色的颜料；昌吉附近的努尔加峡谷，色彩偏向土黄，山体则是沟壑密布，层峦叠嶂。只有玛纳斯到呼图壁的丹霞高大巍峨，赤红如火，更符合人们对于典型丹霞地貌的认知。

冬雪中形态各异、特色鲜明的丹霞，又会是怎样的一种意境呢？

努尔加峡谷，位于昌吉市西南 25 千米处的阿什里哈萨克族乡，南北走向，长约 10 千米，因水侵蚀的缘故，峡谷两侧布满沟壑，好像刀刻一般。

夏季，努尔加峡谷常常会出现巨大的洪水，但到了冬天，这里则成为茫茫的雪海。放眼望去，厚厚的积雪覆盖着整个峡谷，让满是沟沟壑壑的峡谷两侧线条更为分明，深入沟壑的山体，倒也有横看成岭侧成峰的意趣。

相比于努尔加峡谷，石河子的紫泥泉却是只能远观。紫泥泉的山体以红色为主。夏季，山体上生长着浓绿的灌木，构成极大的色彩反差，因此成为摄影发烧友的打卡之地；冬季，山体被霜雪覆盖，别有一番意蕴。由于紫泥泉灌木丛生，基本没有高大的树木，低矮草木之上形成的雾凇铺满山野沟壑，呈现出的一派苍茫的意境。

要论意境，乌鲁木齐境内硫磺沟的冬景则最为突出。在冬日的阳光下，硫磺沟的山体纹路愈发分明，就像是有人用画笔特意描绘出的一般，雪后白茫茫的大地和湛蓝的天空使得山体的色彩更加绚丽夺目。

壮观的冰雪丹霞，是在呼图壁与玛纳斯一线。那些高耸而连绵的巨大山体在冰天雪地中显现出火焰般的色彩，似乎连积雪也会被炙烤而融化，或者说根本难有积雪能将那些赤红完全掩盖。这一刻的天山，不再是密林与河流的吟唱，不再是草原牛羊的对歌，而是变得热烈而狂野，如同冰与火的交响曲。

山山水水都有着多种的状态、多种的样貌，只有感受了这些不同，才能真正认识山水的本质和灵魂，才会深深体会到山水是活着的，它们会和日月一同呼吸，和四季一同流转，随着冰霜雨雪释放自己的心情，随着万物一起生长。

落雪五彩城：
荒原上的魔幻世界

如果你初晤的是雪中的五彩城，那么，再见夏天的五彩城时，便会觉得少了点什么。

并非夏日的五彩城不美丽，事实上，夏日里的五彩城色彩凝重而艳丽，大部分影视剧取五彩城的外景都是在夏季。

五彩城景区位于卡拉麦里有蹄类动物自然保护区内，就是保护区的一部分。五彩城景区占地很广，总面积达到了 65 平方千米，包括了大五彩城、小五彩城、西五彩城、土石林以及硅化木区、恐龙化石区等。

卡拉麦里位于准噶尔盆地腹地东部、阿勒泰地区富蕴县南端，与昌吉回族自治州的吉木萨尔县接壤。五彩城景区是在 20 世纪 80 年代被当时的石油勘探工作者发现的。

五彩城的地貌属于侏罗纪地层地貌，十分罕见，虽然名为"五彩"，实际上有深红、赭红、石青、金黄、黛绿、灰白、青灰、黑灰等十多种色彩，在历经亿万年风雨侵蚀后，这里不仅岩层色彩多样而艳丽，地形地貌也奇特而壮观。

有不少人将五彩城景区与五彩滩景区搞混，或者干脆认为二者是同一个地方。实际上，虽然同在阿勒泰地区，但五彩滩景区位于布尔津县

五彩城岩石

境内、额尔齐斯河畔，与五彩城景区相距约 560 千米；五彩滩景区面积也要小得多，是一片依托于额尔齐斯河岸的雅丹地貌。

大五彩城观光区是五彩城景区的核心区域，五彩城独特的地质地貌在这里最为集中、最为瑰丽、最为壮观。大五彩城整体地势北高南低，大小、形状各异的丘陵与台地多呈零星块状分布，沟谷纵横，深度不一，宽数米至数十米不等，平均海拔约 650 米。丘陵及台地的颜色自上而下呈水平韵律状分布，五彩斑斓。如果运气好，在夏季还能看到远处戈壁荒漠中海市蜃楼的景象。

大五彩城观光区内有怪石沟、龙涎沟、三圣山、聚宝盆、沙漠玫瑰、火焰谷、五色祭坛等景点，均根据丘陵与台地的形状而命名——怪石沟中的丘陵在风蚀作用下形态最为多样和怪异；龙涎沟则是一条经过流水侵蚀而成的窄深渠沟；沙漠玫瑰景点的丘陵色彩深红，尤为艳丽；火焰谷一片红褐，身处其中仿佛置身于一片火海之中。

夏季的五彩城就已经够奇特了，但在冬雪之中，五彩城愈发具有魔幻色彩。

冬日里卡拉麦里是旷远而寂寥的，五彩城则有着完全不同于这个荒原的色调与气质，好像是用浓重的油彩，在冷寂的大地上涂抹出了一片绚烂。那样的景色，仿佛是跳动燃烧的火焰，尤其在冬日白雪的映衬下，显得分外夺目。

夕阳将下的五彩城，放眼望去，整个视野被炽烈的红色填满，鲜艳得甚至让人怀疑自己的眼睛。浓烈的色彩尽情渲染着起伏的丘陵，斑驳的白雪点缀在这一片奔放的红色间，使整个五彩城平添了几分柔媚。广袤的苍穹上，白云肆意流淌，大地的色彩也随之飞扬。

红日西沉，就是那么短短的几分钟，五彩城瞬时间变成了一片金红，

美得令人沉醉，那些嶙峋而沧桑的丘陵蓦然间也变得妍丽动人。

不过更令人惊叹的，是冬天夜色初上时的五彩城。

在天空似暗非暗的片刻，五彩城会忽然变得奇异与绮丽。月亮在五彩城的上空发出明亮的光芒，最后一抹晚霞还残留在天际，晚霞映照着的天空仿佛正在燃烧，五彩城披上了艳丽的紫红色，耀眼而又浓重。直到天际最后一丝光亮退去，五彩城才归于沉寂，在如水的天空下渐渐隐没。

五彩城

赛里木湖之冰：
晶莹剔透的美玉

冬天的赛里木湖，并非是凝滞不动的。

湖岸的层层晶莹剔透的冰推，冰封的湖面下形状各异的冰泡，让赛里木湖美丽而又灵动。

赛里木湖，又名"三台海子"，位于博尔塔拉蒙古自治州博乐市的西南，是从乌鲁木齐进入伊犁果子沟的必经之地。赛里木湖是新疆最大的高山湖泊，海拔 2072 米，面积约 453 平方千米，最深处约 86 米，是

赛里木湖——大西洋的最后一滴眼泪

赛里木湖冰推（闫建军摄）

一个大致圆形的封闭内陆湖。

　　春夏之际的赛里木湖，在雪山环绕中，宛如一块巨大的蓝色宝石，清澈而透明。金末元初全真派长春真人丘处机的弟子李志常所撰的《长春真人西游记》中记载道："晨起，西南行约二十里，忽有大池，方圆几二百里，雪峰环之，倒影池中。"

　　清代著名史地学者祁韵士在他的《万里行程记》也记载了赛里木湖："西行八十里至三台。四面皆山，中有一泽，呼为赛里木诺尔，汇浸三台之北。青蓝深浅层出，波平似镜，天光山色，倒映其中，倏忽万变，莫可名状。时有鸳鸯、白雁，往来游泳，如海鸥无心，见人不畏，极可观也。"

　　清代被贬新疆的翰林院编修、文学家洪亮吉则对赛里木湖给出了"西来之异境，世外之灵壤"的评价。

　　赛里木湖这块"灵壤"，冬季更加钟灵毓秀。

　　每年的 12 月底与 4 月中旬，当湖面刚刚结冰，或冰面刚刚解冻之时，赛里木湖都会出现一种非常壮丽的冰雪奇观：湖岸边层层薄冰堆积，一块块不规则的薄冰通透如玻璃，在阳光照耀下，折射出蓝宝石般的光芒。随着水流的运动，层层薄冰被不断推动，涌动的湖水让冰与冰之间发出清脆悦耳的声音，薄冰在岸边堆砌，犹如破碎的玻璃般尖锐又晶莹，吸引着大量摄影爱好者和游客前往拍照观赏，这就是赛里木湖的冰推奇观。

　　冰推奇观之所以出现在每年的 12 月底与 4 月中旬，是因为这两个时段赛里木湖昼夜温差较大，加之处于多风天气，夜间湖水快速结成薄冰，白天在风吹浪涌之下，薄冰便随着湖面波动起伏，蔚为壮观。

　　但赛里木湖的冬日奇观并不止于此。

　　隆冬的赛里木湖，湖水冰封，犹如一面蓝色的镜子，映照出蓝的天、

赛里木湖

赛里木湖冰泡

白的云与四周的雪峰，行走在冰面上，给人一种天在脚下、人在天上的独特奇妙感受。

　　而更令人称奇的是，赛里木湖蓝色的冰面之下，还会出现一串串被凝固的、姿态各异的气泡，人们称之为"冰泡""气泡冰"。这些"冰泡"其实是湖中茂盛的水草在衰败腐烂之后所释放出的甲烷气体，甲烷气体在上升过程中因低温，还未来得及释放出湖面便被快速冰封，"锁"在了冰层之中，于是形成了一个个美丽的冰泡。

　　壮阔的天山阻拦了从大西洋吹来的暖湿气流，让水汽化作降雨，落在天山西侧，于是形成了赛里木湖，这就是"大西洋最后一滴眼泪"。赛里木湖在冬日的风雪中，凝结成冰，更是风姿绰约，宛如美玉。

3
冰雪咏叹

粉雪天堂

辽阔的新疆，地处"世界冰雪黄金纬度带""中国黄金雪域线"，有着非比寻常的冰雪资源，而新疆的"粉雪"资源，则在全国最优，为国内其他地区所难以比肩。

从气象环境来说，新疆的冬季具有雪量大、雪期长、雪质优、雪域广、地形佳、冰层厚、滑雪温度适宜、冰雪景观独特的特点。

从冰雪类型来说，新疆的冰雪旅游资源类型丰富多样、层次分明、品位高端、分布广泛，涵盖了雪山冰川、冰湖冰瀑、雪原雾凇等众多自然资源以及冰雪体育、冰雪节事、冰雪娱乐、冰雪研学等人文旅游资源。截至目前，新疆已挖掘出冰雪运动类、观光类、休闲类、节事类、度假类和研学类六大类，共计293个冰雪旅游资源点。其中，冰雪运动类112个，冰雪观光类30个，冰雪休闲类44个，冰雪节事类63个，冰雪度假类31个，冰雪研学类13个。丰富多样的冰雪旅游资源类型，使新疆成为冰雪旅游的胜地。

从文化角度来说，新疆的冰雪旅游历史底蕴深厚、民俗特色浓郁鲜明，各民族不仅有着传统的冰雪文化、冰雪运动和节事活动，更是在冰雪旅游迅速蓬勃发展的今天，演化出符合时代特点的冰雪娱乐活动。

新疆的冰雪旅游资源点的区域分布，整体上北疆多于南疆。北疆冰雪旅游资源点主要集中在乌鲁木齐市、伊犁哈萨克自治州和阿勒泰地区；南疆可开发利用的冰雪旅游资源点主要集中在昆仑山高山高原地带，以及克孜勒苏柯尔克孜自治州、喀什地区、和田地区等。

阿勒泰：人类滑雪起源地

　　滑雪，是目前全球最为普及的冰雪运动之一。现代竞技滑雪，世界公认起源于欧洲的斯堪的纳维亚半岛，即北欧的挪威、瑞典等国家。然而，在滑雪正式成为一项现代竞技运动以前，滑雪运动就一直存在，那么，最早的滑雪运动起源于何方？

　　以往的观点认为，滑雪也是起源于北欧地区，这一论点的主要支撑，来自北欧的芬兰与瑞典沼泽地带出土的古代滑雪板，经碳–14测定，年代在公元前5000～前4000年，距今6000～7000年。

　　而同样位于北欧的挪威，则发现过公元前2500年左右的滑雪岩画，上面清晰地显示出一个穿着巨大滑雪板的人，挪威因此被称作"滑雪运

滑雪场

动的故乡"。但苏联于 20 世纪中叶在乌拉尔山山脉的泥炭沼泽中,考古发现了距今 8000 年的石器时代滑雪板残片,将人类的滑雪时间大为提前。苏联学者经过研究,最终提出从贝加尔湖之南的阿勒泰地域,是人类最早使用滑雪板为代步工具的区域。

1982 年 8 月,新疆阿勒泰市汗德尕特蒙古族乡的两个少年,在自家附近玩耍时,偶然发现了一个覆满植被的岩洞。就在这个隐蔽的岩洞中,绘制着红彤彤的远古岩画,上面有着牛、马、人等形象。岩壁上的岩画保存得十分完好,颜色非常鲜艳。但当时的人们并不知道这幅岩画的意义,在其被发现后不久,岩洞复归于沉寂。

23 年后的 2005 年,这个岩洞及其中的岩画再次被人们所关注,只不过对于岩画内容,当时的人们都觉得可能是描绘先民跳舞祭祀、祈祷狩猎满载而归的场景。

岩画被重新发现的消息经过地方媒体的报道后,引起了相关专家的注意。多位专家经过对岩画人物的动作鉴定分析,一致认为,岩画中的人物动作姿态符合滑雪人的动作姿态,与阿勒泰地区农牧民至今穿用毛皮滑雪板的姿态有着惊人的相似之处;其产生年代,为迄今至少 1 万年前,比苏联出土的世界上已知最早的滑雪板至少早 2000 年。

彩绘岩画是人类滑雪起源地的重要佐证,但不是唯一的证据,或者说,并不能仅靠岩画这一条证据就下定论。阿勒泰地区不仅雪量大、雪期长,还有着充足的木材可以制造滑雪器材,而当地的地势多山丘,使得滑雪自然而然地成为人们冬季的出行方式。

在阿勒泰,至今当地人还在使用一种手工制作的毛皮滑雪板。具体做法是在两块木板上裹上马腿皮,用皮条固定在人的脚上。上坡的时候,马毛为戗茬,不倒滑;下坡的时候是顺毛,方便下滑。这种雪板在古代

墩德布拉克洞穴彩绘岩画

主要用作狩猎时的交通工具。

在《山海经》中，早就有了北方游牧民族用马皮滑雪板滑行的记载："其民从膝以下有毛，马蹄，善走。"阿勒泰人使用毛皮滑雪板的样子与《山海经》所描述的情形如出一辙。

早在 4.5 万年前，阿勒泰地区就有人类居住。直到如今，这种冬季踩着毛皮滑雪板进行滑雪狩猎的行为方式也还存在，使其成为活化石般的证据。只不过当下的人们早已不再以狩猎为生，踩着毛皮滑雪板滑雪，更多的是以娱乐为目的。

因此，中国学者率先提出，阿勒泰地区是人类滑雪的起源之地，更具体地说是阿尔泰山南麓，即中国新疆阿勒泰地区，是人类最早的滑雪之地。

2006 年 12 月 15 日，关于阿勒泰为人类滑雪起源地的新闻发布会，在北京人民大会堂由新疆博物馆、西北大学联合举办。

2015 年 1 月，来自挪威、瑞典、芬兰、丹麦、奥地利、瑞士、美国、英国、蒙古国、韩国、中国的近百名专家学者齐聚阿勒泰，举行古老滑雪文化交流研讨会，"中国新疆阿勒泰是人类滑雪起源地"这一观点得到了国际滑雪界的一致认可。

冰雪天成：新疆的滑雪场

　　根据 2022 年的统计资料，新疆有滑雪场 101 家，包括 S 级滑雪场 38 家，其中 5S 级滑雪场 5 家，4S 级滑雪场 5 家，3S 级滑雪场 11 家。

　　新疆是国内公认的"粉雪天堂""野雪殿堂"，拥有众多环境优越、雪质优良、各具特色的滑雪场，比如"唯一与城市相连的高山滑雪场"——阿勒泰将军山国际滑雪度假区，"中国唯一有直升机滑雪项目的滑雪场"——阿尔泰山野雪公园，"最温暖的滑雪度假胜地"——乌鲁木齐丝绸之路国际滑雪场，"有中国唯一落差超千米雪道的滑雪场"——可可托

可可托海国际滑雪场

乌鲁木齐丝绸之路国际滑雪场 　　　　　　滑雪者（夏铨摄）

海国际滑雪场以及"中国最陡的高山雪道"——艾文大道等高等级雪场、
雪道。

冰雪咏叹

乌鲁木齐丝绸之路国际滑雪场

　　这座位于乌鲁木齐市城南 38 千米处、水西沟镇平西梁原始森林景
区的滑雪场，地处天山北坡逆温带，冬季气温只有 –10℃ 左右，夏季平
均气温在 26℃，冬暖夏凉，阳光明媚，空气清新，景色壮美。

　　乌鲁木齐丝绸之路国际滑雪场，海拔 1700 ~ 3000 米，为国家 4A
级旅游景区。这里夏季冷杉叠翠，凉爽宜人；而到了冬季则阳光明媚，
有着高达 90% 的晴天率，雪质纯净、优良。

　　乌鲁木齐丝绸之路国际滑雪场雪道面积 120 万平方米，是中国最
大的滑雪度假区之一，拥有中国最具挑战雪道排名第一的玄奘大道、
排名第二的艾文大道和排名第四名的非常道。同时，建有多条缆车，
每小时运力达 12000 人；4 条高速缆车，可直达海拔 2500 米的山顶；
八人吊厢高速滑雪观光缆车，是中国滑雪度假区里距离最长、海拔落

差最大的高速滑雪观光缆车。度假区建有位于海拔 2300 米山顶的艾文木屋、云岭山谷小筑精品院落民宿（阳光谷）、汇聚百种特色小吃的中华文化展示园（丝路小镇）、中华文化酒店、雪地飞碟乐园、单板公园、综合服务接待大厅、国际品牌雪具专卖店、丝绸之路文化影视城、硅化木博物馆、陨石展览馆、胡杨林公园等旅游度假配套服务设施。乌鲁木齐丝绸之路国际滑雪场被评为"中国最佳滑雪旅游度假胜地"、2019 和 2020 年"中国体育旅游十佳精品景区""国家森林公园冰雪旅游典型单位"。

阿勒泰将军山国际滑雪度假区

将军山滑雪场位于阿勒泰市将军山山坡地带，距市区 2 千米，是全国唯一、世界少有的城市滑雪场，拥有山势好、有效雪期长、气温适宜、无风等诸多优势。

将军山滑雪场占地 60 万平方米，坡度 12°~50°，山体条件优越，具备建设国际专业滑雪场条件。雪场最高海拔 1325 米，最大落差 405 米，目前共有 51 条雪道，其中高级雪道 3 条，日接待能力 1 万人。

将军山滑雪场

滑雪场

将军山滑雪场有 9 个功能区，分别为高山滑雪与单板滑雪区、越野滑雪与冬季两项区、雪上娱乐区、儿童滑雪乐园区、中初级与晚场灯光滑雪区、峰顶滑雪区及极限滑雪区等。滑雪场拥有初级雪道、中级雪道、高级雪道、野雪道、极限滑雪雪道等若干条雪道，以及一条包含了大跳台、蘑菇滑道和平坡滑道的旱雪道，使用特殊材料制成的"旱雪"，与真雪的相似度高达 90%，一年四季都能够滑雪。同时，拥有咖啡厅、快餐厅、超市、雪具店等配套服务设施。

站立在将军山上，整个阿勒泰市区尽收眼底，克兰河从山脚下穿过，天高云淡，令人神清气爽。

可可托海国际滑雪场

可可托海国际滑雪场位于额尔齐斯大峡谷内的宝石沟尽头，雪场规划面积 23 平方千米，雪上面积 190 万平方米。有初、中、高各级雪道 44 条，含连接道 7 条、初级道 2 条、中级道 8 条、高级道 27 条，雪道总长度达 58 千米，滑雪场最大承载力达 2.3 万人。

雪好，滑雪场才能够好，富蕴的优质冰雪在这里得到了充分的利用，高山滑雪场的积雪均为滑雪爱好者所推崇的"粉雪"。

所谓"粉雪"并不是粉色的雪，而是一个滑雪的专业术语，指未

雪地摩托（夏铨摄）

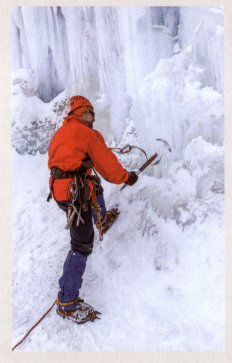

高山攀岩

经滑雪者压过、滑过，含水率4%～7%，松软、厚实而干燥的积雪。在粉雪上滑雪，宛如海浪般的"雪浪"在两侧飞溅，滑雪者所体验到的是：粉雪如丝绸般的光滑，滑行如热刀切黄油般的酣畅淋漓。

滑粉雪需要一定的技巧，否则一滑就会陷入雪中，寸步难行。但对于有经验的滑雪者来说，滑粉雪是终极追求。

可可托海国际滑雪场中最具代表性的1号滑雪道，落差达900米，宽度52米，可以满足奥运会与世锦赛的高山滑降项目的场地要求；其长度更是达4.5千米，居全国滑雪场之冠，故又被称为"王者之道"。同时，滑雪场内还有一条海拔自3100米至1900米，最大落差达到1200米的初中级雪道，可滑行长度9.5千米，是国内最长的大众旅游体验滑雪道。

可可托海国际滑雪场不仅雪质优异、雪道极佳，而且冬季滑雪期也很长，每年从10月初到来年的5月初，滑雪期长达7个月之久。除了滑雪之外，滑雪场还有马拉雪橇、雪地摩托、冰雕雪屋、雪地香蕉船等适合各个年龄段游客的冰雪活动。

不过千万不要以为，可可托海国际滑雪场只有冬季才有游玩的价值，这里一年四季皆可游玩。从春末到初秋，这里借助本身壮美秀丽的自然风光，开设有观光缆车、高山骑马、高山攀岩、山地过山车、彩弹射击、趣味迷宫、奇幻森林灯光以及观星等丰富多样的娱乐设施和活动。

除了上述特别知名的滑雪场，新疆还有世界唯一的雅丹地貌雪场——克拉玛依龙山滑雪场；位于乌鲁木齐南山水西沟镇羊圈沟风景区的阳光滑雪场；位于乌鲁木齐市内水磨沟区的大型灯光滑雪场——维斯特滑雪场；全世界距离机场最近，仅有 2 千米，位于伊犁哈萨克自治州新源县那拉提风景区的那拉提滑雪场；以及独山子冰峰滑雪场、塔城地区额敏县也迷里滑雪场等各具特色、各有优势的滑雪场。

滑翔运动

运动之美：
新疆的冰雪运动与冰雪节事活动

据相关部门的统计，截至 2022 年新疆共有：滑冰场及冰雪游乐场
所 87 家；冰雪文旅体育节事活动 69 个；冬季以观赏雪景、开展冰雪主
题游的景区景点 36 个。这些数据，在未来仍然会继续增长。

在进入新千年后，新疆的各类冰雪运动、节事活动蓬勃发展，众
多原本散落在民间、自发的冰雪娱乐活动开始被各地有意识地发掘、
整理。

雪地叼羊（夏铨摄）

姑娘追（夏铨摄）　　　　　　　　　　　　　　赛马（夏铨摄）

雪地叼羊、雪地篝火、冰雪那达慕、斗羊、马拉爬犁等，原本是草原游牧民族在冬日里的娱乐活动。

爬犁，又称雪橇，生活在大山深处的牧民们在冬季无论是放牧或出行，首先要解决的就是在厚厚的积雪上如何方便地行走的问题，于是爬犁应运而生。

爬犁通常是用几根大木头制作而成的，样子虽然看起来简单粗糙，但在上面铺上草和毯子，既可以载人，也可以驮载物品，用马拉着在雪地中行走，不但轻巧而且快捷。如今，马拉爬犁比赛、爬犁滑雪等都已成为新疆多地的冰雪娱乐项目。

雪地叼羊是在夏季的叼羊比赛的基础上发展起来的冬季运动，这一传统的民间活动，最早也是从阿勒泰一带发展起来的。雪地叼羊相较于夏季的叼羊，难度更大，更具观赏性。

冰面射箭活动是阿勒泰的图瓦人在每年农历正月初二、初三举行的诸多活动之一。活动时，首先把放靶标的冰层上面的雪打扫干净，再在两边堆起两个雪包，在雪包的下方掏两个小洞，用来放置靶标。放靶标的场地两头，分别堆起一道高15厘米、宽40厘米的雪坝，只要射手把靶标射出雪坝就算得分。

比起这些民族特色浓郁的趣味活动，富蕴县等地在冬季开展的打雪

禾木冰雪嘉年华

仗比赛可算是所有人都了解的冰雪娱乐活动了，只不过现在的比赛有严格的规则，还会用到较高的战术和技巧。

在打雪仗中，双方队员要戴上头盔，穿上队服，每队上场 7 名队员，发放固定数量的雪球。裁判发令后两队开始在 36 米 ×10 米的场内鏖战，通过投掷雪球淘汰对方队友，最后以拔掉对方营内的旗帜为胜。

在这样的打雪仗比赛里，想靠"乱砸"取胜是行不通的，因为每局比赛的雪球数量有限，只有 90 颗。想要获胜，队员必须靠各种策略智取。要懂得充分利用掩体，不盲目进攻；不光要打得准，还得制定有效的战术。打雪仗所用的雪球，由专人用专用模具压制，同时为了增加雪球的黏度，还要适当地浇水。

在发扬传统项目的同时，冰上龙舟赛、冰雪迷宫、寻宝竞赛、雪地汽车越野赛等一大批新的冰雪娱乐设施和活动也得到了开发，其中富蕴的雪地汽车锦标赛包括直线竞速赛、冰雪漂移赛、短道拉力赛、场地越野赛、环富蕴县冬季拉力赛等项目，尽情施展冰雪中的速度与激情。"天马之乡"昭苏则发挥自身优势，开发了"马背旅行"和"天马踏雪"等马背上的冰雪旅游娱乐活动，参与者可体验在冰雪中策马奔腾的爽快。

每逢冬季新疆各地也纷纷举办各类冰雪节事活动，如乌鲁木齐丝绸之路冰雪节、乌鲁木齐南山滑雪节、天山天池冰雪风情节、阿勒泰国际冰雪节、喀纳斯冰雪风情节、富蕴冰雪风情节、伊犁冰雪那达慕、赛里木湖冰雪那达慕、哈密市冰雪节、巴里坤县冰雪文化旅游节等。在异彩纷呈的冰雪节事活动中，包括了各类冰雪运动、特色冰雪娱乐活动、民俗表演与体验、冰雕、冰灯、雪雕、冰雪祈福等丰富多彩的内容。

冰雪节活动

冰雪节活动

在众多的冰雪节事活动中，阿勒泰福海县的乌伦古湖冬捕、巴音郭楞蒙古自治州的博斯腾湖冬捕等活动，已经成为新疆冰雪旅游的热点。每年冬捕时节，游人如织，在观赏激动人心的冬捕之余，还可品尝活鱼宴，活动现场一派欢腾景象，充满了人间烟火味。

冰雪旅游、冰雪节事活动遍地开花，冰雪休闲度假和各类冰雪主题民宿也应运而生。如乌鲁木齐南山冰雪旅游度假运动基地、乌鲁木齐南山中国冰雪运动小镇、乌鲁木齐县水西沟冰雪特色小镇、昌吉回族自治州阜康市博格达冰雪小镇、阿勒泰市托勒海特滑雪度假区、福海县呼墩别克冰雪旅游度假村、阿勒泰多勒根滑雪度假区，以及阿勒泰富蕴县可可托海镇塔拉特村的"千里牧游"民俗文化村等都以独特的风情、民俗以及冰雪风光，吸引着越来越多的人前往。塔拉特村开设有 40 余家民宿，独特的小木屋依山傍水，在白雪覆盖下美轮美奂，别具风情。喀纳斯的禾木村，更是誉满全国，是新疆最吸引人的地方之一。

除此之外，乌鲁木齐天山大峡谷冰雪嘉年华、阿勒泰人类滑雪起源地公园、天山天池国际冰雪公园、昌吉回族自治州阜康市新疆冰雪大世界、昌吉回族自治州玛纳斯县中华碧玉园冰雪嘉年华、阿勒泰野雪公园等一批以观赏冰雪风光为主的休闲类冰雪旅游地也令人流连忘返。

近年来，研学类冰雪游这一新兴的冰雪旅游类型悄然兴起。人们不再满足于单纯的游乐，希望在游乐的同时增长知识、开拓视野，乌鲁木

巴里坤冰雪节

冰上运动组图

齐市天山滑雪场、新疆冬季运动管理中心、伊犁那拉提国际滑雪场、伊犁巩留县伊勒格代滑雪场、克孜勒苏柯尔克孜自治州阿克陶县洋不拉克国家冰雪运动训练基地、阿勒泰冰雪博物馆、喀什泽普金湖杨国际滑雪场、塔城新梦想冰雪轮滑运动馆、塔城沙湾县翠山滑雪场等一批带有研学性质的冰雪游目的地迅速地发展起来。

如今，新疆已形成乌鲁木齐冰雪旅游集散中心、天山北坡冰雪旅游带、阿尔泰山冰雪旅游带的发展布局。2022 年 2 月 25 日冬季旅游热力图显示，乌鲁木齐冬季旅游增长指数位列全国第一。2021—2022 年，新疆雪季滑雪里程数已经突破 282 万千米，全国市场份额占比由上个雪季的 12% 大幅度提升到 21%。

新疆，正成为我国冰雪旅游、冰雪运动的首选之地。

雪豹

　　新疆是全国面积最大的省区，其复杂多样的地貌、类型丰富的生态环境，为野生动植物提供了广阔的繁衍栖息之地。在新疆的野生动植物中，有一些甚至连名字也和冰雪紧紧联系在一起，如雪豹、雪鸡、雪莲等，它们早已适应了冰天雪地的环境，生活得自由自在。

　　这些动植物中，有些濒临灭绝，警醒人类反思并采取保护措施；有些曾经在野外灭绝，在人类的帮助下重新得以繁衍、野化；而有些则在人们的呵护下不断壮大种群，为大自然带来了勃勃的生机。

雪豹：优雅冷傲的高山之王

作为高山生态系统的旗舰物种，雪豹如果在某处出现，就证明了这里的生态系统保持着完好状态。

雪豹，为食肉目猫科豹属，全世界的雪豹，基本都分布在从喜马拉雅山区到青藏高原、帕米尔高原和天山山系、阿尔泰山系中。也就是说，全世界的雪豹仅仅分布在这一区域的国家和地区之内。

根据国际雪豹基金会（SLT）估计，目前在全世界范围，雪豹现存

野外探险

探险者

种群数量约为7000只，中国则是雪豹最主要的栖息地，目前已知的雪豹数量为2400～3500只，基本占到了全球雪豹总数的一半。在我国境内，雪豹主要分布在新疆，种群数量占全国的40%～60%，另外，西藏、青海、甘肃、四川和内蒙古这5个省（自治区）也有分布。

在新疆，雪豹以天山之中分布最多，最多时数量达到1200只，即使是在距离乌鲁木齐仅约70千米的博格达峰，也有雪豹生存，这里成为距离城市最近的雪豹栖息地。

如果说老虎是森林之王，狮子是草原之王，那么雪豹就是名副其实的高山之王。雪豹生活在海拔900～5500米的高山，居于高山生态系统食物链的顶端，主要捕食岩羊、盘羊、北山羊等，也捕食鼠兔、雪鸡、旱獭，甚至狼和狐狸等。在雪豹的活动范围内，狼、狐狸销声匿迹，有雪豹的地区牧民的羊群也相对较为安全。雪豹虽然生性凶猛，但对人类比较友善，迄今为止尚未发生过雪豹吃人或主动攻击人的事件。

在食物极度匮乏的情况下，雪豹也会偷食牧民的羊群，但与狼偷食羊群不同的是，雪豹从不会糟蹋东西。很多人可能并不大清楚，狼之所

雪豹足印

以可恨，是因为狼偷食羊群的时候，不是逮住一只羊就作罢，而是咬死一大片，差不多要祸害掉整个羊群。这一点，雪豹则有着本质的不同，偷食牧民的羊只为果腹。

　　雪豹浑身长着厚软的皮毛，体态矫健而优雅，行动敏捷。雪豹体色呈银灰色，腹部白色，皮毛之上点缀着黑色的斑点，这对于栖息在高山裸岩与雪地的动物来说，无疑能起到完美的隐蔽作用。因皮毛上的花斑似荷叶一般，雪豹又有"荷叶豹"的雅称。

　　与其他的猫科动物不同的是，雪豹有着粗壮、硕大的尾巴。通常雪豹的体长在 1.3 米左右，体重大多为 30 ~ 40 千克，却有着一条长 1 米左右的粗大尾巴。这条大尾巴，不仅是保持身体平衡的工具，保证雪豹能在冰川、峭壁间高速奔跑，更是有力的武器；在雪豹躺卧休息时，尾巴盘在身体上，又起到一定的保暖作用。

　　雪豹天性机警，行踪不定，常在晨昏时分和夜间活动。雪豹一般是单独活动，成群活动的十分罕见，这也是人们难以见到雪豹真容的原因之一。由于雪豹分布密度很低，加之人类活动的影响，到 20 世纪 60 年代雪豹的生存条件更为恶劣，数量大幅度减少，几乎半数的栖息地已无雪豹活动。

　　2014年初，新疆的志愿者团队组建了荒野新疆追兽组，自筹资金，自行规划项目，利用红外触发式相机陷阱技术，对乌鲁木齐市及周边区域的野生动物进行调查。在志愿者们的红外相机中，一个个雪豹的身姿被记录下来，甚至一只只雪豹被编号并命名；与此同时，雪豹的保护问题也被越来越多的人所关注。在天山之中、帕米尔高原上、昆仑山之巅以及阿尔泰山的山林间，雪豹的种群数量正在逐渐恢复和壮大。

　　保护雪豹依旧任重而道远，希望雪豹这一纵横在新疆雪峰冰川上的高山之王，能够永远优雅而自由地生存下去。

野外的雪豹

天鹅：英塔木的冰雪精灵

　　每逢冬季，伊犁哈萨克自治州伊宁县所属的英塔木镇，一只只天鹅在水泽中悠然地游弋，让那里的天地变得优雅、灵动，宛如童话之境。

　　只有最为寒冷的 2 月，在英塔木镇所看到的天鹅才是最美的；只有在这个时候，英塔木镇的水泽中才会汇聚更多的天鹅；也只有在这个时候，水泽在寒冬中水雾氤氲，恍若人间仙境，而水泽边的草木，也挂满

天鹅

洁白晶莹的雾凇，与水中的天鹅一起构成最为浪漫的画卷。

英塔木镇位于伊宁县南部、伊犁河北岸平原。英塔木水源充沛，水泽密布，这里不仅良田肥沃，而且每年吸引着来自西伯利亚的天鹅落脚过冬。天鹅聚集的水泽是在英塔木镇的夏合勒克村，还没走到水泽边，远远地就能听到天鹅的叫声起伏一片。

事实上，天鹅在新疆过冬的地方不止英塔木一处。天山北麓的各个湖泊、水库等湿地，几乎都有天鹅，甚至在乌鲁木齐市的乌拉泊水库以及石河子市附近这样人类活动频繁的地方，过冬的天鹅也屡见不鲜。那些天鹅通常只有十来只，离人甚远，稍有惊吓便展翅逃逸；而英塔木的天鹅不仅就在人们的身边游弋，而且数量很多，一般情况下都有一百多只，最多的时候有近两百只。成群的天鹅在这里觅食、嬉戏，使小小的英塔木化作了天鹅的乐园。

前来英塔木过冬的天鹅，主要为疣鼻天鹅，其次为少量的大天鹅。每年的 10 月份天鹅陆续飞来，到第二年的 3 月份再陆续离去。天鹅落脚的水泽，原本是当地乡民承包的鱼塘，因为有温泉源源流入，才吸引了天鹅前来越冬。最初，前来越冬的天鹅只有数只，因为当地乡民有意地喂食、呵护而逐年增多，竟然渐渐地成了一道靓丽的风景。

去英塔木镇的夏合勒克村看天鹅，一定要选择在早上 5 点左右，因为雾凇只有在早上才能形成。太阳慢慢升起，红色的朝霞洒在白色的雾凇和荡漾的水泽之上，将水泽渲染成了一片金红；蒸腾的水雾将水泽笼罩，在水面上凝聚、流淌，再轻轻散去；水边的树木满是雾凇，晶莹如玉，婀娜舒展；天鹅在水中或成群游过，或形单影只，悠然地在雾气中徜徉，构成了唯美的画面，如梦如幻。

每天前去观赏天鹅的游人众多，所有人都被如同仙境般的画面所震

撼，没有人忍心大声说话，似乎声音大了，这幻境瞬间就会被打破。

到了午后，雾凇便会消融，也没有了蒸腾的水雾，唯有天鹅依然如故，在水面上从容地游弋、嬉戏、进食，怡然自得。这里，就是天鹅的天堂。

准噶尔野马：古老基因的延续

准噶尔盆地，卡拉麦里荒原，每逢冬季降雪之后，这里便被严寒所统治，成为一望无际的茫茫雪原。这看似寂静的雪原并不寂寞，万千生灵在这里追逐奔跑、嬉戏觅食，其中的一种曾在这里繁衍生息了 13 万年之久，它就是地球上仅存的野马——准噶尔野马。

这种原本已经在野外绝迹的生灵，重新壮大和繁衍成为数百匹的种

野马

群，每年在白雪覆盖的卡拉麦里，和数以千计的鹅喉羚、野驴集群，从北部山地向荒漠腹地迁移，成为荒原冬季里最为壮观的奇景。

卡拉麦里，位于新疆准噶尔盆地东北部、古尔班通古特沙漠腹地。卡拉麦里这个名称，实际上和人们所熟知的"克拉玛依"是一个词。"卡拉麦里"这个名字的由来，一种说法是说这里蕴藏有石油；另一种说法则是说这里的石头又黑又亮，像是涂了油一样。今天，卡拉麦里是全国最大的有蹄类动物自然保护区。

1986年，卡拉麦里有蹄类动物自然保护区正式建立。保护区为一个长方形地带，东西长100千米，南北宽20～40千米，面积1.4万平方千米。自然保护区横跨昌吉回族自治州吉木萨尔县、奇台县和阿勒泰地区富蕴县、青河县。

整个保护区地势东高西低，地貌形态多样。北部为荒漠草原；西部为侏罗纪地层出露的火烧山；东南部分布着大面积的硅化木群和雅丹风蚀地貌，曾发掘出准噶尔恐龙化石；南部海拔1000米以下地区以沙漠和土戈壁为主。

在这个保护区中，生活着国家一级保护动物蒙古野驴、北山羊、金雕、白肩雕、玉带海雕、胡兀鹫、大鸨、波斑鸨、雕鸮等共计12种；国家二级保护动物兔狲、猞猁、石貂、荒漠猫、盘羊、鹅喉羚、黑鸢、苍鹰、小雕、白尾鹞、猎隼、黑腹沙鸡等36种。保护区中最为引人注目的，则是比大熊猫还要珍贵的国家一级保护动物——准噶尔野马。

准噶尔野马，又叫普氏野马、蒙古野马，是世界上仅存的野马。准噶尔野马的体长一般在210厘米左右，肩高和尾长分别约为110厘米和90厘米，体重达350千克左右；外形较家马小，额部无长毛，颈鬃较短且直立，整体上粗壮而矮小。准噶尔野马平均寿命约为30年，昼夜活动，十分机警，奔跑能力很强，最高时速可达 60 千米。

事实上，这种世界上仅存的野马曾经在野外灭绝了。今天人们在野外所见到的野马，均为人工饲养经过野化后于 2001 年放归野外的以及它们的后代。

准噶尔野马原产于中国新疆准噶尔盆地东部和蒙古国西部科布多盆地一带。在普尔热瓦尔斯基发现野马之前，人们已普遍认为世界上再也没有野马存在。野马的发现轰动了世界，其直接后果便是 1899—1903 年，各路西方探险家纷至沓来，不惜代价捕获野马。由于野马生性警觉，奔跑迅速，所以捕猎者都选择在每年 5 月前后野马下驹的时节，采用骑马接力的方式捕捉野马驹。

到 1945 年第二次世界大战结束时，这些被抓捕到欧洲的野马在布拉格和慕尼黑存活的不到 20 匹，其中有生殖能力的 10 匹。今天全世界饲养的野马，全是这 3 匹公马和 7 匹母马的后代。

1947 年，蒙古国曾捕获了 1 匹野马。1966 年，匈牙利的相关专家再次于蒙古国西部发现过 8 匹一群的野马群，自此以后，蒙古国便再也没有发现过野马，从而正式宣告野生野马在该国灭绝。

1969 年，在中国新疆，人们最后一次看到准噶尔野马的野生个体，之后亦正式宣布该物种灭绝。

到 1985 年，准噶尔野马分布于美国、英国、荷兰等 112 个国家和地区，共有约 700 匹，均为圈养和栏养。

1986 年，在国际野马保护协会的帮助下，中国从英、德两国先后运回了 16 匹野马，此前北京动物园还曾从美国用藏野驴交换了 2 匹野马。为此我国在卡拉麦里设立了专门的野马繁育中心，对野马进行繁育和野化训练。2001 年，第一批 27 匹野马被放归野外，卡拉麦里的荒原上重现了野马的身影。

截至 2021 年 11 月，我国准噶尔野马种群数量已突破 700 匹，从而使我国成为世界上拥有野马最多的国家，种群数量约占世界总数的三分之一。

如何在漫长凛冽的严冬中生存，早已深深地刻印在准噶尔野马的基因之中。在卡拉麦里，这些被放归野外的准噶尔野马很快就适应了祖先生活的环境，刨开冰雪，觅食枯草，以雪解渴，按照原始的方式自由自在地生活着。

野马群

雪莲：高洁如玉的冰雪魂魄

如果只选一种花来代表新疆，那么无疑就是冰山上的雪莲了。

雪莲又名"雪荷花"，属菊科风毛菊属多年生草本植物。雪莲生长在海拔 2800 ~ 4000 米的高寒砾石、悬崖、冰碛石缝间，在其他植物难以生存的严寒、缺氧环境中顽强地生长着。

雪莲有着非常发达的地下根系，粗壮而坚韧，可以扎入石头缝中或乱石堆里，使得雪莲任凭冰封雪盖、寒风肆虐，依然能够茁壮成

博格达峰下的雪莲

长。雪莲的茎部被许多纤维状的枯叶包围着，其功效类似于保温袋，可以御寒；雪莲的花朵外部被乳白色的叶片包裹着，可以有效防止强烈的紫外线辐射，保护花朵使其不受伤害。雪莲的这些特征，保证了它能在寒冷环境中生长、盛开和繁衍。

雪莲的种子在0℃发芽，3～5℃生长，幼苗能够经受-21℃的严寒。雪莲一般要生长5年以上才会开花，这使得雪莲的人工种殖十分不易。

天山雪莲

只有生活在天山上的雪莲，才能称之为"天山雪莲"。雪莲是以独特的药用价值著称于世。过去人们视雪莲为灵丹妙药，称之为"百草之王"。如今，天山雪莲被列为国家二级保护植物、三级濒危植物，是唯一列入《中国植物红皮书》的雪莲植物。近年来，为了保护天山雪莲，相关部门利用克隆组培技术，在高海拔环境下人工种植雪莲，以取代野生雪莲供给药品市场。

大多数人都没有见过盛开的雪莲，盛开的雪莲花香气浓烈馥郁。鲜活的雪莲，不仅香气令人难忘，花朵也温润如玉，宛如月光般皎洁，显现出高贵清雅的气质，仿佛蕴含着大地的精髓、冰雪的魂魄。

雪鸡：冰川雪岭间的灵物

雪鸡，分布于亚洲中部和南部的高山地带，在我国主要分布在新疆、西藏、青海等地。新疆的雪鸡主要分为暗腹雪鸡、淡腹雪鸡和阿尔泰雪鸡3种。暗腹雪鸡，也叫高山雪鸡，生活在天山及帕米尔高原；淡腹雪鸡也叫藏雪鸡，分布在昆仑山、阿尔金山以及帕米尔高原；阿尔泰雪鸡则只生活在阿尔泰山和北塔山。

在新疆人的概念中，雪鸡较之雪莲食补效果更佳。民间说法是雪鸡是吃雪莲的种子及茎叶为生，长年累月聚集和浓缩了雪莲的精华；加之，雪鸡又生活在高海拔的雪线附近，药效自然非同凡响，较之雪莲更胜一筹。

事实上，雪鸡的食谱上除了雪莲之外，还有委陵菜、珠芽蓼、绣线菊等，也有一些昆虫。雪莲是雪鸡的主要食物之一，委陵菜、珠芽蓼这些植物也可入药，因此雪鸡是名副其实的"吃的是中草药，喝的是冰川水"。

抛开雪鸡的药用价值不谈，雪鸡本身肉质鲜美且有着淡淡的香味，因此生活在高山上的各族牧民，会将雪鸡幼雏进行驯化，与家鸡共同饲养。

雪鸡一直以来也是当地群众的传统食材和药材，比如新疆的抓饭中有雪鸡抓饭；在药用方面，甚至连雪鸡的羽毛都能入药，主治癫痫等症。野生的雪鸡属国家二级保护动物，作为食材、药材的雪鸡均为人工养殖的。

雪鸡

野生雪鸡在天山山脉中主要生活在海拔 3700 ～ 4200 米的雪山以及其下的高山草甸，冬季则会在海拔 2000 米左右活动。在昆仑山，雪鸡的活动区域海拔较天山要高 1000 米左右；在阿尔泰山，活动区域海拔则较天山低 1000 米左右。

雪鸡生活在高海拔地区，无疑是鹰隼类猛禽的食物；加之雪鸡不善于飞翔，更喜在山坡间奔跑、滑翔，也使得雪鸡在地面上会遭受狼、狐狸、雪豹等动物的袭击。然而从高山生态系统的角度来讲，雪鸡无疑是生物链上重要的一环，它的存在使得看似肃穆冷寂的高山冰川间充满着勃勃生机。

牧马

新鲜食材

新疆的冬天是漫长而寒冷的，
这使得新疆人在饮食方面偏爱肉食，
以摄取较高的热量。

新疆牧区群众的饮食习惯，也
明显有别于农耕地区。牧民们会提
前储备食物，为漫长的冬季做准备。

冬宰：初雪后的盛宴

在牧区，一般是在初雪后，忙碌而有序的冬宰就拉开了帷幕。

所谓冬宰，即在冬季到来前，牧民家庭会集中屠宰马、牛、羊等牲畜，提前储备过冬的肉食，并按照传统的方式，严格进行分割、腌制和熏制处理。忙碌了一个夏季的牧民们，会在这个时候举办宴会，与亲朋好友相聚，增进感情。冬宰是牧民们对自己辛苦一年的犒劳，也是对人畜平顺安康的希望和祝福。除了上述原因之外，在冬初牛羊膘肥体壮的时候进行屠宰，也是最为经济的。

冬宰

传统的冬宰保留着一些习俗，比如在分解牲畜胴体的时候，只能用小刀顺着骨骼的关节缝隙切割，而忌讳用刀斧乱砍；肋骨肉要切成条状；切割好的肉不用水洗。

如今，新疆伊犁等地还会举办冬宰节。冬宰节与冬季旅游、节事活动挂钩，会进行赛马、冰雪叼羊等比赛和歌舞表演以及传统美食品尝等活动。

哈萨克族号称"马背上的民族"，在生活中离不开马。马肉也是哈萨克族人重要的肉食来源，被视为肉类中的上品。哈萨克族人会宰杀一到两岁的马驹招待尊贵的客人，马肉中又以肋条肉、肥肠、臀部肉为最佳。

马肉最常见的吃法是清炖和熏制。

熏马肉

马肠子

马肉清炖前要洗净切成大块，然后放入清水锅里煮，加入盐即可。

熏制马肉时，需先将肉切成块状或条状，撒上盐后搭在木架上，点燃松树或杉树的枝条用烟熏，直到将肉的水分熏干，即成熏马肉。多年以来牧民们都是使用富含松香的杉树枝、松树枝，或者带有果香的野果木来熏制马肉；有时候还会在熏肉时加入野葱，使肉的味道更加鲜美，别有风味。

熏出来马肉可以保存较长时间，直到来年的六七月份也不会变质。熏马肉滋味浓郁而鲜香，脂肪也渗透入瘦肉之中，有着独特的口感和风味。

冬宰的肉还可以做胡尔达克、纳仁等传统美食。

胡尔达克，也叫胡尔炖，是新疆的一道家常美食，主要以牛羊肉或

熏制马肉

纳仁

马肉为主，也有用骆驼肉的，搭配土豆、胡萝卜、洋葱，切丁后翻炒。烹制胡尔达克所选用的肉，一定要肥瘦搭配，这样炒出来才瘦而不柴、肥而不腻。烹制时，起锅放油，油热后将肉片与土豆丁、胡萝卜丁等放入锅内翻炒，盖上锅盖焖到肉将熟时，加入洋葱丁等翻炒均匀，就可以入盘上桌了。这道菜肴虽制作简单，但是味道香浓，土豆绵软，汤汁浓郁，在冬季吃起来不仅味美可口，更能暖胃。

　　纳仁，也是一种常见的新疆美食，做法也不复杂。将羊肉或马肉清炖后捞出，盖在煮熟的面片或皮带面上，连肉带面一起吃，味道十分鲜美。炖肉的汤则放入洋葱、盐等，在吃完肉面之后喝。

马肠子：冬季的醇香之味

　　马肠子，是冬宰后用马肉制作的另一种肉食。马肠子有两种灌法，一种是将带肉的肋骨分割成条状，撒上盐、胡椒粉等作料，塞进 1 米多长洗净的马肠内，两头扎紧，挂在屋里风干，1 个月左右即成；另一种是将肉切碎或切块来灌肠。

熏马肠

马肠子

马肉

用松木、杉木以及果木熏出来的马肠，味道更加独特、鲜香。

但无论是风干还是熏制，马肠子都可以保存到来年春季，成为漫长冬天的一道美食。

好的马肠子颜色呈深褐色，肥瘦相间。瘦肉十分耐嚼，油脂渗入后肉质会变得松散入味；脂肪颜色微黄如玉，入口即化，与精瘦肉搭配，丝毫不会感到油腻。咬一口马肠子，首先品尝到的是咸鲜的味道，随后是马肉独特的清香，越嚼香味越浓。如果是熏马肠，还会有微微的烟熏味道和松香味，与清香的肉味结合在一起，相得益彰。

今天，马肠子已不仅仅是牧区的传统美食，也成为新疆代表性的美食之一。

冰碴子驹骊：
入冬后的第一道美味

"驹骊"，是哈萨克族人对山羊的叫法；"冰碴子"，指的是初雪后挂着冰碴的草；"冰碴子驹骊"，就是入冬后刨开冰雪，吃了挂着冰碴的草的山羊。

通常来说，在新疆所吃的羊肉都是绵羊肉，冰碴子驹骊是一个例外。每年初冬来临，讲究的就是吃冰碴子驹骊，这是入冬后的第一道美味。

首先，初冬季节的山羊正值膘肥体壮，肉质口感滑嫩，比绵羊肉更加鲜美可口。其次，这时候羊群已经很难吃到山野间的牧草，只有健康灵活、壮实矫健的山羊才能攀爬到悬崖峭壁间，吃到冰碴下的草，这样的山羊只长精瘦肉，肉质上乘；而且越是陡峭的地方，越是可能生长着多种药用植物，山羊在果腹的同时就会摄入大量的中草药，因此牧民们都称冰碴子驹骊为"药肉"。

冰碴子驹骊的吃法最常见的是清炖，也叫手抓肉。清炖肉的方式大同小异，哈萨克族人的烹制方法是把羊头、羊肉、羊内脏放在水里同煮，煮熟后盛在大盘里，一人执刀将羊肉削切成肉块，然后大家用手抓着吃。按照传统习俗，主人会将羊肝递给席间的主宾，或将羊腿骨递给

手抓肉

席间最年少者，等等。羊的胸叉子骨也就是羊的前胸部，这个部位的肉肥瘦相间、细腻鲜美，是专门给女婿吃的。

今天，吃肉的仪式或许已不再重要，但冰碴子驹骊的美味却永远不会改变。

辣皮子：新疆人的挚爱

辣皮子

在给全国最能吃辣的省区排名时，人们往往会遗漏新疆，事实上，新疆是辣椒的重要产区之一，新疆人的口味也是以酸辣为主。新疆的辣椒种植面积很广且品质优良，辣椒不仅仅作为一种蔬菜和调料，而且从辣椒中提取的辣椒红素被广泛应用于食品加工和医疗领域，还作为天然色素出口欧美。

新疆丰富的光热资源，培育出了优质的辣椒，也成就了辣椒的另一种吃法——辣皮子。

辣皮子，即晒干的辣椒，虽然冬季也能吃到大棚种植的新鲜辣椒，但是夏季晾晒辣皮子，依然是新疆人坚守的传统。有多种吃法的辣皮子，是新疆美食的重要组成部分。

新疆所种植的辣椒以线椒、板椒和铁皮椒为主，在全疆各地广泛种植。新疆最为出名的辣椒产地，是塔城地区沙湾市的安集海镇和巴音郭楞蒙古自治州的焉耆盆地两处。安集海镇常年辣椒种植面积在 5.8 万亩以上，有线椒、板椒、朝天椒、菜椒四大类二十余个主栽品种，其中最著名的线椒皮薄肉厚、香辣可口，安集海辣椒也因此成为国家农产品地理标志登记保护产品。

焉耆盆地年种植辣椒 28 万亩，其中最著名的是铁皮椒，它又被称

椒麻鸡

为甜椒、口红椒，是提取辣椒红素的主要原料。通常辣椒中的辣椒红素含量达到 7% 即为优质原料，而焉耆盆地的铁皮椒所含的辣椒红素可高达 22%。

　　每年秋季辣椒丰收后，从安集海到焉耆盆地，甚至炎热的吐鲁番盆地，都能见到成片晾晒的红辣椒，铺天盖地的鲜红一眼望不到边，使之成为摄影爱好者钟爱的拍摄题材之一。新疆的辣椒不仅是一种优质的食材，也是一道美丽的风景。

　　辣皮子不仅仅是在冬季食用，而是一年四季都会出现在新疆人的餐桌上。著名的新疆大盘鸡，一定要放辣皮子才够味儿；新疆的柴窝堡辣子鸡，几乎只用辣皮子配鸡肉，一大盘红彤彤的柴窝堡辣子鸡，一半是辣皮子。可能有人会质疑，店家为了降低成本才多放辣皮子，少放鸡肉，殊不知对很多新疆人来说，盘中浸透油脂和鸡肉香味的辣皮子也是一种美味，嗜辣之人会觉得辣皮子比鸡肉更香。另外，新疆的椒麻鸡、爆炒羊肚、爆炒羊头肉等，辣皮子都是主料；还有一种辣皮子馕，又辣又香，让人回味无穷。

　　除了作为调味品之外，在新疆，辣皮子最经典的吃法是辣皮子滚肉，即将辣皮子泡软切碎，与牛羊肉及葱姜蒜等同炒。辣皮子滚肉有着油厚、味重、鲜浓香辣的特点，常常用来拌面吃，这就是新疆常见的一种拌面——滚辣皮子拌面。此外，滚辣皮子黄面（凉面）则是新疆人夏季钟爱的一道美食。

安集海辣椒

冬捕：寒冬里的丰收

新疆有着众多的湖泊，这些湖泊如一面面明镜镶嵌在广袤的大地上。在冬季，湖泊一改夏日的波光潋滟、空灵明澈，变得冰清玉洁、晶莹剔透，湖泊中的鱼儿也变得十分肥美。

每年1月，新疆各地湖泊便进入了冬捕的时节，人们在冬捕节感受丰获的喜悦，品尝鱼肉的鲜美。新疆著名的冬捕节，分别在福海县的乌伦古湖与博湖县的博斯腾湖。

福海冬捕节

冬捕者

冰窟

在乌伦古湖，每年冬捕节都要举行祭湖醒网、冬捕拉网、头鱼拍卖等活动，现场气氛欢腾热烈。这个水域面积约 1000 平方千米的湖泊，有着"戈壁大海"的别称，盛产鲜美的野生鱼。在寒冷的冬季，湖面冰层厚达 1 米，上覆约 30 厘米厚的积雪。因此，当地人给乌伦古湖的冬捕起了一个"踏雪寻鱼"的雅称。

乌伦古湖的鱼以冷水性和亚冷水性鱼类为主，主要有白斑狗鱼、梭鲈、河鲈、贝加尔雅罗鱼、东方欧鳊等品种，这里的冬捕曾经创下一网捕捞 83 吨的纪录。

博斯腾湖大河口景区的冬捕也丝毫不逊色，每年冬捕节时，冰封的湖面上人头攒动，热闹非凡。

博斯腾湖是我国最大的内陆淡水吞吐湖，也是国内十大内陆淡水湖之一，水域面积 1646 平方千米，湖中有草鱼、鲢鱼、鳙鱼等 32 种鱼类，是新疆最大的渔业生产基地。

　　每年博斯腾湖冬捕，常常一网便能捞出 10 多吨鲜鱼，多时可达数十吨，最大的鱼体长 1 米多。

　　位于西天山之中的赛里木湖，自 2016 年起也开始了冬捕。由于赛里木湖是封闭的高山湖泊，自古以来湖中无鱼，20 世纪 60 年代起当地人尝试着往湖中投放鱼苗，前前后后投放过 30 多种鱼苗都未能存活。1976 年，赛里木湖首次引进冷水鱼类并试养成功。1998—2003 年，赛里木湖连续 6 年从俄罗斯引进高白鲑和凹目白鲑卵，终于使这些原来生活于贝加尔湖、鄂毕河等流域的冷水鱼在赛里木湖成功繁殖，成为赛里木湖的高档鱼种。

　　每年冬天，东天山脚下的冬捕同样一片火热。在昌吉回族自治州的玛纳斯县小海子跳鱼岛景区、呼图壁县鸭洼湖景区，以及更东边的哈密市巴里坤哈萨克自治县高家湖景区，冬捕吸引着大量游客前来观鱼、品鱼。

冬捕

冬捕收获

对于新疆人来说，鱼最为常见的烹饪方式就是放入葱、姜、蒜、辣皮子，加入调料，翻炒或炖煮，在寒冷的冬日吃一顿鱼，让人从内到外都是暖和的。

在博斯腾湖的冬捕节上，有一种"缸子鱼"，即在一个个搪瓷缸子里炖鱼。缸子鱼做法非常简单，以湖中的鲜鱼，配上本地所产的辣皮子和配菜，小火慢炖而成。缸子鱼鱼肉细嫩爽滑，鱼汤鲜美异常。

相比之下，乌伦古湖冬捕节上的吃鱼方法就要豪爽得多，15只羊与1吨鱼煮的鱼羊鲜汤，可让上万的游客一同品尝。

冬品夏果：围着火炉吃西瓜

瓜果之乡的新疆，瓜果品种繁多、品质优良，西瓜、甜瓜是新疆水果中的大宗特产。

通常人们所说的"围着火炉吃西瓜"，说明的重点是新疆昼夜温差大。但实际上，新疆有着传统的瓜果储藏技术，让人们在整个冬天都可以吃到鲜甜的瓜果，真正做到了室外寒风凛冽，室内围着火炉吃西瓜。

这种瓜果储藏技术主要留存于南疆、东疆地区。北疆地区也有冬天吃瓜的方式，只不过是将西瓜放在室外冰冻，吃的时候拿回室内，削去瓜皮，将整个去皮的瓜放入盆中，饮用融化的瓜汁。

在南疆的喀什、阿克苏、和田，东疆的吐鲁番、哈密等地，人们充分利用当地的气候特点，因地制宜，创造并掌握了独特的瓜果保鲜储藏技术，不仅使瓜果的保鲜期延长至整个冬季，更能最大程度地保持瓜果新鲜甜美的口感。

储藏甜瓜、西瓜，要选取成熟适度、没有遭遇病虫害和磕碰伤的瓜，先摊晒 1 个月，然后放入瓜窖内保存。瓜窖要先进行通风处理，使之干透，然后在地面或隔板上铺上沙子。瓜果放在沙子上，既通风，又不会压伤表皮。

如果是在瓜窖的隔板上储藏瓜，每层隔板就只能摆一层瓜，定期翻

动，防止瓜与木板接触处腐烂。瓜的储藏时间一般在半年左右，其中关键的技术是要控制瓜窖的湿度和温度。通常在11月中下旬瓜入窖初期，瓜窖的门窗和通气口要全部打开；随着气温下降，可在瓜窖门口放一碗清水，当水中出现冰碴时，即关闭窖门和通气口，使窖温保持在2～4℃。判断瓜窖湿度的方法是在一块长方形的小木板上，两头各

窖藏的水果

钉一个钉子，中间拴一根马鬃或马尾，若瓜窖内湿度过高，马鬃就会松弛下来；湿度过低，马鬃就会绷紧。湿度高了就开门通风，湿度低了就在瓜窖内放一盆水，以此调整空气湿度。

　　还有一种储藏方法，就用绳子或者布带将瓜一个个兜着吊起来，瓜柄向上。但不管是使用哪种方法储藏瓜果，都需要在调控温度和湿度的同时，每7～15天检查一次，并且随着时间的推移，观察的周期也要相应缩短。一旦发现变软、溃烂的瓜，立刻移出瓜窖，确保瓜窖内的空气不受污染。

　　就是通过这些储藏技术，才让新疆人在整个冬天不仅能够随时吃到瓜果，而且瓜果几乎如新摘下来的一般鲜美。

　　今天，新疆的瓜果储藏技术已被列入自治区级非物质文化遗产名录。

　　漫天的冰雪，旖旎的风光，欢腾的节事活动，令人垂涎的美食，这些元素集合在一起，构成了新疆风情万种、多姿多彩的冬天。